NOV 1 9 2019

Enseñanzas de los Ángeles de la Guarda

MANUAL DE EJERCICIOS LUMÍNICOS

D1478770

encuentro

*Enseñanzas de los
Ángeles de la Guarda*

MANUAL DE
EJERCICIOS LUMÍNICOS

ANA PALMA

ROUND LAKE AREA
LIBRARY
906 HART ROAD
ROUND LAKE, IL 60073
(847) 546-7060

encuentro

EL LIBRO MUERE CUANDO LO FOTOCOPIAN

Amigo lector:

La obra que tiene en sus manos es muy valiosa. Su autor vertió en ella conocimientos, experiencia y años de trabajo. El editor ha procurado dar una presentación digna de su contenido y pone su empeño y recursos para difundirla ampliamente, por medio de su red de comercialización.

Cuando usted fotocopia este libro o adquiere una copia "pirata" o fotocopia ilegal del mismo, el autor y editor no perciben lo que les permite recuperar la inversión que han realizado.

La reproducción no autorizada de obras protegidas por el derecho de autor desalienta la creatividad y limita la difusión de la cultura, además de ser un delito.

Si usted necesita un ejemplar del libro y no le es posible conseguirlo, escríbanos o llámenos. Lo atenderemos con gusto.

EDITORIAL PAX MÉXICO

Título de la obra: *Manual de ejercicios lumínicos*

COORDINACIÓN EDITORIAL: Gilda Moreno Manzur
DIAGRAMACIÓN: Abigail Velasco
PORTADA: Víctor Gally

© 2018 Editorial Pax México, Librería Carlos Cesarman, S.A.
    Av. Cuauhtémoc 1430
    Col. Santa Cruz Atoyac
    México DF 03310
    Tel. 5605 7677
    Fax 5605 7600
    www.editorialpax.com

Primera edición
ISBN 978-607-9472-31-3
Reservados todos los derechos

Índice

Dedicatoria

A una entidad celestial que mora
en el Espacio Sideral, Rosita, mi hermana,
que ha trabajado junto a mis ángeles
para concretar nuestra tarea en la Tierra.

Introducción

Deseo manifestarles mi gran alegría por compartir este nuevo tiempo con ustedes y nuestros ángeles en la Tierra, con el propósito permanente de seguir creciendo, evolucionando y erradicando de nuestra vida tridimensional el dolor y el caos.

Desde que ellos aparecieron en mi vida, esta cambió notablemente. He podido activar mis Dones Celestiales, así como a acceder a la paz interior y a la creatividad. Los ángeles me han dado pautas de comportamiento; me han enseñado a liberarme del caos y el horror que imperaban en mi vida; me han convertido en un ser creativo; me han ayudado a trascender mi involución, al darme enseñanzas celestiales y todo lo que requiera en el plano terrenal para gestar esta gran tarea de apertura de conciencia a la Luz.

Estos ángeles se han manifestado con el amor infinito del Padre Celestial, ayudándome en mis necesidades, con sólo pedírselo y estar dispuesta para aunar nuestras fuerzas, materia y espíritu. De esta manera he aprendido a ayudar, a manifestarme en plenitud, a sentir un gozo celestial en cada momento de mi vida cotidiana. Por medio de ellos siento el amor inmenso de la Fuente Creadora. Su compañía es lo más hermoso que me haya sucedido. Son sutiles y se comunican con un lenguaje dulce que apunta a la esencia divina. Con su contacto y su guía, me enaltezco, mis cualidades y virtudes se fortalecen y aprendo a usar la sabiduría interior.

Siento una gran fuerza que me moviliza. La vida para mí tiene un sentido verdadero y el trabajo que realizan por nuestro medio es inagotable.

Tuve mi primer contacto directo con ellos a través del dictado automático. Así pude develar mi historia en la Tierra; aprender a usar mis dones; saber de dónde vengo, cuál es mi pasado ancestral e interestelar, cuál es mi cometido en este plano y de qué manera puedo resolver lo que aún no he trascendido. Puedo ver más allá de la materia, vivir y realizar mis más caros sueños. Todo se toma real, cuando estamos dispuestos, es decir, abiertos a recibir las enseñanzas y trabajar con la Luz.

Si bien he hablado de mi caso personal, estoy plenamente convencida de que estos efectos que los ángeles causan en mí los extienden a muchos otros seres humanos, en especial a quienes son receptivos a sus comunicaciones.

Los Ángeles de la Guarda son seres de Luz muy benéficos que vienen a ayudarnos en nuestras tareas para desmantelar este sistema de horror rígido y corrupto que imperaba en nuestro planeta. Y menciono la palabra imperaba, porque es así.

Hoy podemos ver el avance de la Luz, gracias a la disposición de los seres que han abierto la conciencia a través de los ángeles. Esto nos ha permitido anclar una frecuencia distinta en el planeta.

Mi hermana Rosita se encuentra en el mundo espiritual y trabaja junto a mis ángeles para ayudarme en mi tarea terrenal. Es fuente de Luz y ayuda celestial, ha sido gestora de muchos eventos cósmicos en la Tierra, me ha asistido en gran medida y debo reconocer su magnífica presencia junto a la de mis ángeles. He recibido sus mensajes, y todo lo que me ha manifestado por intermedio de ellos ha sucedido. En principio, no sabía que era ella la que me movilizó para despertar. Ella me ayudó a encontrarme con mis ángeles. En estas páginas le brindo mi amor y mi agradecimiento por su Luz y transparencia. Gracias, hermanita, por tu dedicación a la Obra Divina; que el Padre te bendiga por siempre.

Intento aquí narrarles en forma sencilla cómo mis ángeles me han apoyado en mi proceso evolutivo. Han despertado en mí el sentido puro y crístico[1] de mi vida en este plano, para así ayudar en la concreción del Plan Divino dando lo mejor de mí misma en

---

[1] El sentido evolucionado, avanzado.

el gran desafío de transmitir enseñanzas celestiales como portavoz de las Esferas Siderales.

A lo largo de este tiempo hemos trabajado en conjunto en el sentido centrípeto, que es la frecuencia de la Luz en el planeta, logrando cambios magníficos en el orden planetario y cósmico. Esto incide en nuestra vida terrena, pues ayuda al gran desmantelamiento del horror en áreas atascadas, así como a nuestra transformación en seres creadores y activos en la concreción del Plan Divino en la Tierra.

Soy mensajera de Luz, portavoz de las tribus arcangélicas asentada en la Tierra. Mi tarea es transmitir información celestial para ayudar en la apertura de conciencia a la Luz. Y, gracias a su disposición al respecto, muchos de ustedes se han visto beneficiados por la frecuencia angélica.

Sabemos que la Tierra es una zona de libre albedrío. Las frecuencias existentes en ella son dos: la centrífuga, que se contrae y gira como un remolino "tironeando" hacia abajo, y la centrípeta, que gira en forma ascendente, porque es rarificada, no tiene peso; es la frecuencia de la Luz. A través de ella se manifiestan los ángeles. En mi caso, y en el de otros seres con esos dones, hemos elegido trabajar con la centrípeta, que es nuestra frecuencia original, el orden divino asentado en nuestras células. Esta frecuencia nos prodiga el conocimiento ancestral y la apertura de nuestros dones celestiales.

Nuestra labor nos ha permitido apreciar la gran escalada que se ha producido en forma masiva y la manera en que los ángeles han convocado a los seres dispuestos para trabajar con nuestra frecuencia. A mí se me ha encomendado ayudarles, transmitirles la enseñanza primigenia en forma preliminar, para acceder a la frecuencia angélica o al contacto directo con ellos y recibir información en forma personal.

La tarea ha sido muy ardua y también muy eficiente. Al principio, mis ángeles y yo observamos a muchos de ustedes resolver pautas kármicas de tercera dimensión. Venían con colores áuricos muy débiles y con grandes problemas, los cuales han trascendido paulatinamente mediante el contacto directo con sus ángeles. Los colores tridimensionales eran más bien apagados, débiles y oscuros. Mucho violeta, lo cual indica cambios muy fuertes en la materia, un proceso que se siente en el nivel físico o material. Rosado, que indica el amor dependiente y condicionado en la vida terrena. Rojo, cobrizo, anaranjado, que señalan impotencia, angustia y dolor.

Por su parte, los chakras, puntos focales de Luz, estaban distorsionados molecularmente con grandes y pesadas cargas negativas o involutivas. Su cuerpo presentaba dilatadas contracturas, sobre todo en la columna donde preponderaba la rigidez, lo cual impedía que la Luz fluyera para establecer una vida feliz y creativa en el plano que habitamos.

A quienes me leen por primera vez, les diré que los ángeles han venido a la Tierra a ayudarnos a concretar nuestros más caros deseos de ser felices, al anclar una frecuencia magnífica, la energía cuántica, que regenera y restaura todo lo que alguna vez hicimos en forma incorrecta, basados en la negación.

A medida que hemos[2] crecido en nuestra tarea, todos hemos procesado muchos cambios y nos hemos tornado ágiles y reducido nuestra densidad; hemos atendido a los estamentos de la Luz y fortificado nuestro cuerpo tridimensional, buscando asentar una nueva frecuencia en él.

Con la energía cuántica[3] hemos mejorado más rápidamente, erradicando los grandes pesos existentes en nuestra vida. Por consiguiente, podemos decir que la labor de los seres dispuestos ha traído una nueva Luz a los campos áuricos de quienes se han dedicado a trabajar con el amor y la virtud, emanando radiaciones de alto potencial hacia sus pares. Esto conduce a un cambio masivo que

---

[2] Al hablar en primera persona del plural, en general me refiero a otros seres humanos y a mí.

[3] Se trata de una energía que con la mezcla de prácticas espirituales ancestrales y hallazgos científicos modernos ayuda a sanar y mejorar en todos los aspectos de la vida.

resultará en el establecimiento de una nueva banda fotónica[4] en la Tierra, la cual podemos apreciar a través de nuestra tarea en ella.

Los colores áuricos preponderantes hoy en los seres de Luz dispuestos a trabajar en el orden divino son de cuarta y quinta dimensión. Brillantes, transparentes y claros, poseen gran potencial lumínico. Vemos el rosa pálido, que emana el amor divino, manifestado en el ser que lo porta. El lila, que indica cambios muy benéficos, pero que no se sienten; puesto que es un color de cuarta dimensión, los cambios se procesan sin dolor. Los azules en todas sus gamas sugieren sanación, nuevo conocimiento.

En forma preponderante, el color cuántico, que es el dorado platinado e indica la energía cuántica alquimia. Y, por sobre todas las cosas, el color platino, que es la alquimia pura, la Gracia Divina, la gran capacidad de estos seres de cambiar en forma molecular todo lo que irradien en su entorno. Es preciso ver a nuestros pares refulgentes de colores maravillosos contribuir así al desmantelamiento del sistema rígido y corrupto generado por las entidades oscuras o de bajo astral.

Ahora respondemos a nuestra frecuencia original, que es la creatividad y el amor, porque ya hemos aprendido que sólo el amor crea y que todo lo que se hace sin amor, destruye. Es por eso que en este manual los ángeles de nuevo nos imparten enseñanzas para seguir asentando las bases de la Luz y crear en nuestra vida y en el planeta un nuevo paradigma de amor y virtud. Podemos dar testimonio en este sentido.

Con la lectura de este manual, ustedes recibirán nuevas enseñanzas e información sobre lo que acontece hoy en la Tierra. También les hablaremos del **Gran Portal Dimensional** que se ha abierto en la Cordillera de los Andes, tierra bendita y sagrada, en el mismísimo Cerro Aconcagua.

---

[4] Banda de energía proveniente del centro de nuestra galaxia, en la que transita el Sistema Solar. Según Deepak Chopra, un fotón, al igual que un pensamiento, tiene su origen en una región situada más allá del espacio y del tiempo.

¡Cuántas bendiciones y regalos celestiales! Todo ha sido posible gracias a la tarea esmerada de cada uno de ustedes, que se programaron para trabajar con sus dones y activar el conocimiento ancestral por medio de la energía cuántica.

Se han producido tantos cambios maravillosos desde que hemos compartido juntos esta historia… ¡Es algo espléndido!

Por ejemplo, aquí hablaremos de la gran tarea de —mediante la decodificación genética— despertar nuestra sabiduría ancestral, realinearnos a la Luz, manifestarnos en forma creativa, trabajar con nuestros dones abiertos.

Con el dictado automático, pudimos comunicarnos con nuestros ángeles y recibir su guía directa para despertar nuestro conocimiento ancestral, produciendo magia infinita y milagros.

La concreción de este material ha sido una ardua tarea que realizamos junto con ustedes y nuestros ángeles.

Estos últimos me pidieron que contara cómo ha sido nuestro devenir y cómo se manifestaron en mi vida. Por eso relato algunas vivencias derivadas de su contacto. Aun siendo aparentemente escéptica, logré relacionarme con ellos sin gran esfuerzo, sólo con buena intención y disposición.

He podido ver sus manifestaciones en mi vida y en la de todos los seres que piden su ayuda. Esto es algo que podemos hacer sin distinción. Suelo sostener que lo paranormal es NO escuchar ángeles, porque ellos son seres de Luz que han venido a apoyarnos. Pero como hemos transgredido el orden de la Luz durante eones, no habíamos podido alcanzar su frecuencia, debido a la niebla a nuestro alrededor. En cambio, ahora es el momento y todos estamos capacitados para escucharlos en forma concreta.

Como saben, este libro es un compendio de enseñanzas que nuestros ángeles han venido compartiendo conmigo para lograr el estado puro y cristalino de nuestro vehículo en la Tierra, que es el cuerpo.

Me alegra poder transmitirles una vez más estas enseñanzas primigenias. Este manual fue anunciado y gestado por medio de la guía angélica, sólo que el trabajo ha sido más complejo.

Desde nuestro primer encuentro, ellos me asignaron muchísimas tareas, lo cual demoró la canalización de este manual. Pero aquí estoy, cumpliendo mi cometido. Entre talleres, entrevistas personales y reuniones, la tarea sigue adelante.

En estos días entré en un estado de zozobra. El tiempo terrenal se acorta y la fecha de inserción en la materia debe gestarse en el equinoccio... sólo quedan algunos días. Y aquí estoy, junto a ustedes, agilizando la materia para que esto suceda.

Trabajamos con la cubierta mucho antes de terminar la canalización. Muchos seres me acompañan en esta tarea.

Cuando le mencioné al editor que teníamos poco tiempo, me contestó: "Anita, no te preocupes, saldremos adelante y lo tendremos listo en la fecha estipulada". ¿Se dan cuenta de cómo los ángeles nos ayudan? El esfuerzo será intenso. Un libro lleva su tiempo. Pero este se hará en un abrir y cerrar de ojos, así será.

Es fantástico ser guiado: todo se manifiesta, todo gira siguiendo el orden divino.

En estas páginas encontrarán códigos que abrirán su conciencia superior o el nuevo conocimiento; se capacitarán como creadores de su propia vida en la Tierra, gestando alegría, abundancia y paz; lo que siempre soñamos. Encontrarán respuesta a muchas inquietudes y se les darán herramientas celestiales para trabajar en forma fidedigna. Podrán ver los sellos crísticos, emanados desde las altas esferas siderales, transmitidos a un ser de Luz, que manifiesta sus dones a través de la pintura. Estos sellos son simbólicos y nos fueron enviados para ayudarnos en nuestro crecimiento. La persona que los recibió en la Tierra es Beatriz, que actúa también como receptora física de las enseñanzas celestiales.

Desde hace unos años –desde 2001, para mayor precisión–, los ángeles se han manifestado en mi vida. Tuve grandes desafíos en ella, pero conseguí activar mis dones y trabajar intensamente, logrando un estado de crecimiento cada día. Aprendí a usar la templanza, la creatividad, la calma y el entendimiento. Trascendí en gran medida mis pautas kármicas, aunque todavía quedan algunos pesos por aligerar.

La tarea ha rendido sus frutos. Siento en mí la Gracia Divina de poder acceder al conocimiento interior y aplicarlo en mi vida cotidiana. Siempre que lo necesito, recibo ayuda inmediata. Vivo ahora una realidad diferente.

Los seres que responden al llamado de sus ángeles muestran también sus dones, lo cual les produce gozo interior y alegría infinita. Esto me llena de magia.

Ser un portavoz es algo precioso, me mantiene en una sintonía distinta a la que estaba acostumbrada, ya no es igual. Todo se manifiesta mediante el despertar de la conciencia. Se develan nuestras inquietudes. Se producen reencuentros, es decir, los seres nos unificamos y nos encontramos paso a paso. Por ejemplo, el reencuentro con una hermana ancestral, con nuestros guías ancestrales. Todo empieza a tener sentido. Nuestra vida encaja perfectamente con la de los demás. Sabemos de dónde venimos, quiénes nos acompañan en nuestro devenir terreno, hacia dónde vamos. Sabemos que el tiempo es uno solo y que todo ocurre al unísono. Grandes alegrías nos depara nuestra vida en la Tierra. Ya todo es trascendental, nada es ordinario.

Deseo agradecer a mis ángeles por su dedicación en el Plan Divino.

Paz, amor y luz.

Ana Palma
Mendoza, Argentina

capítulo 1

Reseña

A partir de este capítulo, transmito los mensajes canalizados de mis ángeles. La voz que escucharán es directamente la suya. Cuando lo que comparta sean palabras o experiencias mías, lo aclararé.

El primer mensaje recibido a través de las enseñanzas impartidas por nosotros, Maestros Ascendidos, Guías Ancestrales y Ángeles de la Guarda, ha activado el conocimiento para llevarlos de la mano a una ascensión planetaria.

El primer libro que editamos en la Tierra mediante nuestro vínculo, Anita, el *Manual de energía cuántica*, sirvió a muchos de ustedes para acceder a un nuevo conocimiento, abrir la conciencia a la Luz, transitar y dar los primeros pasos en esta gran tarea: trascender desde un plano de conciencia a otro superior, en donde todo sea vivificado con amor y creatividad. Por eso estamos aquí para anunciarles el advenimiento de una nueva era que ya estamos transitando, el nuevo amanecer, el alba de un día muy largo que será el Día Cósmico, la era del Día.

Nos reunimos para llevar a cabo una gran tarea: impartir enseñanzas por medio de este *Manual de ejercicios lumínicos*, que ayudarán al despertar de sus códigos genéticos, para que accedan al conocimiento interior a través de una banda fotónica de gran intensidad, para que activen los códigos ancestrales que porta cada uno de ustedes.

Somos Ángeles Custodios que les brindamos apoyo en todo lo que necesiten para desarrollar la tarea que les compete en este planeta. Desde el espacio sideral observamos que en la Tierra hay una gran Luz que se ha esparcido en estos últimos tiempos con la apertura de conciencia y el despertar de todos ustedes. Ese despertar ha posibilitado esta nueva Luz, esta nueva frecuencia en ella.

Nosotros, que somos Maestros Ascendidos, estamos a su alrededor para comunicarles un nuevo evento cósmico en la Tierra. Muchos de ustedes están unificados al Todo en una gran extensión lumínica. Una ola intergaláctica de Luz y de Amor los une. Nuestra intención es ayudarles en este camino, al proporcionarles nuevos conocimientos en este libro.

Es muy importante revertir la situación imperante en el planeta. Hemos apreciado que, con la disposición de los seres de Luz que lo habitan, las tareas que realizan y su trabajo con y para la Luz, se ha podido revertir en gran medida el sufrimiento y el horror. Aunque a muchos les parezca que la Tierra aún se encuentra en manos de las entidades oscuras que provocan horror, caos y miedo, no es así.

Se han disipado muchos velos magnéticos –muchos Seres de Luz trabajan en este sentido– y se están sosteniendo las puertas de una nueva dimensión al aclarar esta nueva frecuencia en la Tierra, formada por el amor, la virtud y la belleza. Cada uno de ustedes, desde este momento, la está recibiendo. Hemos conseguido abrir sus corazones con el llamado celestial, al cual han respondido con sinceridad y con disposición, elevando sus corazones a una nueva concepción de amor unificado. Queremos manifestarnos en ustedes con amor y luz. Esperamos su venia para continuar en la tarea de ascenderlos.

Este nuevo paso que damos es de suma relevancia. Este libro es un compendio de enseñanzas de los antiguos Maestros que les precedieron en el Origen de la Tierra, las cuales se pondrán de manifiesto en el momento mediante la ya mencionada decodificación genética. Eso indica que ustedes están preparados para este salto cuántico, esta nueva apertura de Luz en su crecimiento espiritual, en su evolución.

Apreciamos el cambio intenso en cada ser que transita la Tierra y que se deja irradiar por la intensa banda fotónica llamada Energía cuántica. Han logrado resolver muchos de sus problemas, sanarse, activar la energía creadora, la alegría, la paz y el bienestar en su vida tridimensional. Muchos ya están activando esta Luz para envolver a sus familias y seres queridos, así como al mundo entero. Gracias a esa disposición, esta enseñanza se abre y podrán activar este nuevo conocimiento para revertir la situación insana que aún perdura en el planeta.

Al poder ver más allá de los límites, observamos que se abre un nuevo portal de ascenso. Aquí hablaremos específicamente de la ascensión planetaria.

Ejercicios lumínicos

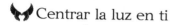Centrar la luz en ti

Sentado cómodamente en un lugar apacible y agradable en donde sepas que no serás molestado ni tendrás distracciones, relájate.

Estira tu columna de manera confortable. Cierra los ojos.

Respira fluidamente.

Visualiza una esfera de Luz dorada-platinada sobre tu cabeza; imagínala con volumen, color y movimiento.

Comienza a visualizarla descendiendo y entrando por tu coronilla, iluminando cada parte de tu cuerpo.

Cuando hayas iluminado todo tu ser con esta Luz, quédate un momento en ella y disfruta el momento, llénate de ella; es la **energía cuántica**, energía regeneradora y restauradora de Luz.

Centrar la luz en tu familia

En un lugar cómodo para ti, centra primero la Luz en ti.

Después de haberte centrado, visualiza a tus seres queridos, uno por uno, o a todos reunidos, como prefieras. La creatividad es importante para que fluyan las cosas con Amor, y ahí estaremos presentes.

Ya que visualices a tus seres amados, comienza a llenarlos de esta LUZ dorada. Para ello, visualiza la esfera, deja que entre por sus coronillas y salga de sus cuerpos iluminándolos.

Ahora, visualiza que esta luz dorada baña a tu barrio, tu país, tu continente y, finalmente, todo el planeta. Todo habrá quedado envuelto por la Luz.

capítulo 2

Apertura de dones

Constatamos que en muy poco tiempo ustedes, los habitantes de la Tierra, han hecho un giro muy intenso y han despertado a un nuevo conocimiento. Están transitando el planeta con el conocimiento ancestral, los dones celestiales, los dones del Espíritu Santo, la sabiduría interior.

A través del contacto directo con nosotros, sus ángeles, recibieron, y están recibiendo en forma personal: información sobre la apertura de conciencia a la Luz, el dictado automático, la recepción y la clarividencia; códigos, números, fonemas, idioma y lenguaje ancestrales para aperturar[5] el conocimiento interior; directrices con las que se encaminan de la Tierra a una nueva dimensión de Amor, Luz y Alegría. Estamos en el último tramo de ese camino.

Ya se produjeron en la Tierra la iniciación y el gran cambio, lo cual indica que están preparados para ascender. Esta es su tarea ahora. Reseñaremos lo aprendido y les contaremos una nueva historia, una nueva fase en su aprendizaje.

Hemos trabajado con la energía cuántica, que es una banda fotónica de gran poder lumínico que envuelve en luz dorada su campo magnético, materializando así en la Tierra una Luz intensa que regenera y restaura lo que estaba en estado involucrado. La energía cuántica es el elemento por el cual nos hemos manifestado en ustedes para sanar y revertir situaciones involutivas en la Tierra. Así asentamos esta Luz, gracias a su visión etérea, su solicitud y su propósito de sanación del planeta, de sanación personal, de sus seres queridos y de toda la humanidad.

---

[5] Aperturar tiene muchos significados, entre otros, dejar pasar, dar paso, tener acceso o acceder a, liberar, abrir, revelar.

Con la energía cuántica retiramos velos magnéticos de bajo astral muy intensos, que bloqueaban el paso de la Luz. Por ejemplo, en la zona de la Cordillera de los Andes, pudo revelarse el Gran Portal Dimensional del Cerro Aconcagua y sus alrededores. Mediante esos vórtices energéticos, ustedes, los miembros de esta colonia atlante, captan mucha información. Desde este punto focal en la Tierra se derramará la Luz hacia todo el planeta y hacia el universo. Por consiguiente, es fundamental que demos a conocer las enseñanzas sagradas, los misterios encasillados en los monumentos de piedra esparcidos por toda la Tierra. Esos misterios se descubrirán paso a paso, mediante el conocimiento ancestral.

Este lugar del Cono Sur aparece como el precursor de la nueva era. En él se asienta la base de seres interestelares que han logrado manifestarse en la Tercera Dimensión, para conseguir la ascensión planetaria, abrir el portal dimensional más importante de la Tierra y alcanzar un plano superior de conciencia.

La Tierra está en posición de ascenso; asciende junto a ustedes, camino a una nueva vida en la que sólo observarán la calma divina, la alegría y el gozo interior. Podrán transmitirse mutuamente el conocimiento con sólo mirarse a los ojos y sonreír. Transitaremos la Tierra en paz, con alegría, con virtud. No habrá miseria.

Este es el lugar de desarrollo del Plan Divino. Mendoza se llena de Luz, de Amor, de integración. Habrán observado grandes apariciones celestiales en este lugar. Muchos maestros ascendidos los visitan a diario. Muchos canales activan la Luz en este lugar. Todos los días hay encuentros celestiales. Cada minuto del día se congregan a orar, a agradecer, y los hijos de la Luz se movilizan con gran eficiencia. Podemos apreciar el gran cambio, la manifestación de la Luz es sorprendente.

Estamos muy agradecidos porque vemos la respuesta en el corazón de cada uno de ustedes.

La niebla se disipa. La Luz se envía a muchos lugares del planeta, gracias a su disposición, su visión etérea y su entrega a la oración en los lugares que les hemos indicado.

La oración de ustedes desmantela los bloques subliminares de bajo astral y sana muchos lugares en la Tierra. Hemos salvaguardado, en gran medida, muchas tierras que estaban destinadas a la destrucción.

Este último tiempo que vivimos fue álgido en el planeta y el que viene lo será aún más. Se vive una vibración etérea muy intensa, que indica que sus tiempos terrenos se acortan cada día. Pareciera que el tiempo se les va de las manos, pero no es así. Aprendan a vivir con tranquilidad. El tiempo tridimensional no existe. Es necesario que ustedes planifiquen, se organicen y asignen el tiempo justo a cada cosa, se relajen, se mantengan en contacto con la Naturaleza, busquen momentos de solaz y bienestar personal al comunicarse con la Madre Tierra. De este modo alcanzarán una vibración más intensa y lograrán el cometido por el cual vinieron a la Tierra: asentar las bases de una nueva civilización. Sólo la Tierra puede brindarles el conocimiento interior. Ustedes deberán activar los dones ancestrales. Prestar atención al sonido que emite la vibración de la unificación del planeta: el sonido del agua, del viento, de la manifestación de los cuatro elementos: Aire, Tierra, Fuego y Agua. Sintonizar con estos elementos que forman parte de su presencia, que llevan en su cuerpo, en sus vehículos terrenos, que son portadores de Luz y Amor.

Observen pautas de comportamientos afines a la Luz; porten paz, alegría y bienestar a la Tierra; creen por medio de la Palabra, del Verbo Divino, de las formas de pensamiento creativas. Ofrezcan a sus pares el don más preciado que es la creatividad. Unifíquense en el Amor, en la Gracia Divina.

Casi todos están envueltos en mantos platinados, pues han podido activar la gracia divina, la presencia crística y el gran regalo celestial de la bondad del Padre emanada a través de esta frecuencia: la Alquimia, el poder de decodificar las células que giraban en sentido contrario a la Luz para activar los dones celestiales.

❦ Recibir el polvo etéreo de color plata

Sentado en un lugar apacible sin ser molestado, pon música suave de relajación o de instrumentos de viento que te ayude a deshacerte de cualquier tensión.

Visualiza un Sol enorme del cual sale el polvo plateado que viaja y llega al planeta.

Poco a poco, visualiza con los ojos cerrados y fluyendo con tu respiración, este polvo plateado que toca tu cuerpo y gradualmente lo impregna.

Respira suavemente y déjate inundar por el polvo.

Este polvo ayuda a la decodificación genética, de la cual hablaremos más adelante.

Dones celestiales

Se trata de dones ancestrales (sabiduría interior) que constituyen su esencia, su propio conocimiento ancestral. Según su historia evolutiva, ustedes son seres capacitados para curar todo lo que deseen y pueden transferirlo a la materia, es decir, acercarlo a su vida terrena, activando este **saber interior**. Los dones ancestrales son dones del Espíritu Santo y pueden alcanzarlos con la oración, la elevación espiritual, la intención, la solicitud o la invocación, el deseo de trabajar con la Luz al servicio propio o de la humanidad. Cada ser crece y evoluciona de acuerdo con su comportamiento. Si este es impecable, se procesan los desafíos personales, es decir, se transmuta todo lo inferior por lo que armoniza con el Bien Supremo. La negación generada en esta Tercera Dimensión es propia e inherente a este planeta, conforma pautas kármicas. Recuerden los pecados de arrogancia, odio, envidia, celos, gula, soberbia e ira con los que se involucionan.

Los siguientes dones se activan en ustedes a medida que crecen en la Luz:

- Don de clarividencia: con él ven y pueden crear por medio de la visión con el pensamiento elevado desde el corazón.

- Don de claripercepción: les ayuda a desarrollar la intuición, el discernimiento, el equilibrio al escucharnos y vernos a nosotros, sus ángeles, en su vida cotidiana, sintiendo nuestra presencia, atendiendo nuestra voz interior.

- Don de sabiduría interior: es la capacidad de recordar lo que ya saben en forma ancestral. Sus células contienen esa información y deberán iluminarlas con Luz y trabajar con intención; así, ellas se despertarán y girarán en el sentido correcto, de izquierda a derecha, siguiendo el orden divino. Es la capacidad de saber (que no se aprende en los libros como única fuente, sino de de su propia recopilación de hechos y vidas ancestrales). Son resultado de muchas vidas antiguas.

- Don de transmutación: es la manifestación concreta del deseo de todos ustedes, siempre que armonice con el bien supremo. Tienen la capacidad de transferir sus deseos a la materia con sólo pedirlo.

- Don de transferencia: es la ejecución de una solicitud hecha desde el corazón, con Amor. El Amor crea su pensamiento de Luz, el cual tiene que descender a la Tierra. Por tanto, transferir es hacer que esa solicitud concreta descienda a su vida. Para ello, hagan la señal de la Cruz.

- Don de alquimia: es el don maravilloso de producir cambios vibratorios en la materia con su presencia física, emanando una Luz propia. Con sus sentimientos, su Luz o espectro radial produce cambios favorables de orden magnético, al emitir ondas benéficas que transforman la Tierra por medio de su presencia. Pidan y trabajen con la intención de colaborar con este Plan Divino, para que su ser de Luz se manifieste y podamos crear un mundo lleno de Luz y amor. Pidan que se revierta toda situación negativa que haya a su alrededor.

- Don de clariaudiencia: es la facultad de escuchar, de viva voz, el susurro de sus ángeles o seres de Luz que nos comunicamos con ustedes. Este don también se manifiesta cuando escuchan música celestial.

A medida que transitan la Tierra, los códigos que están inscritos en sus células vuelven al origen. De esa forma, como alquimistas, llevan la alquimia al plano tridimensional. Por ello, muchos de quienes los rodean logran despertar al alcanzar la nueva frecuencia que ustedes poseen.

Y no sólo los seres humanos, portadores del conocimiento ancestral en cada célula, sino también los minerales, vegetales y animales. Ustedes llevan el conocimiento por dondequiera que vaya por medio de la alquimia.

Ese es el proceso de gran cambio que se realiza en este momento. Ya se ha dado el gran salto evolutivo. Nos queda transitar el último tramo: el momento de ascensión, para lo cual los estamos preparando; así la Tierra ascenderá y ustedes conseguirán habitar esta Nueva Tierra, llena de abundancia y creatividad. Pero como esta es una zona de libre albedrío, el Plan Mayor se ajusta a él. En consecuencia, son ustedes quienes producirán el cambio. Nosotros sólo hemos venido a asistirlos, enseñarles, darles directrices, protegerlos, decirles cómo hacer las cosas; eso es lo que hacemos en este libro, propiciar que cada uno acceda al nuevo conocimiento. En él les impartiremos enseñanza fidedigna para que trabajen consigo mismos como lo han venido haciendo con el *Manual de energía cuántica*.

Hablaremos respecto del trabajo planetario que se realiza a través de nosotros, manifestados como Luz en ustedes. En este momento de grandes cambios en la materia, la Tierra lleva a cabo un gran proceso, el proceso evolutivo más intenso que haya experimentado a lo largo de sus años de existencia.

Este momento álgido que se vive corresponde a un Plan Mayor: la activación de la Luz en el Planeta Azul, la Tierra. Esta joya ancestral, que fue manipulada por entidades oscuras y magnetizada hacia la oscuridad, ahora está saliendo de ese gran control. Gracias a los hijos que trabajan en la apertura de conciencia a la Luz mediante su presencia crística en ella, se ha podido revertir esta situación de oscuridad. Cada uno centra en el mismo sitio la Luz intensa emanada de las fuentes siderales de Luz y de Amor en expansión, para que este planeta vuelva al origen.

En este momento los observamos, guiamos y asistimos como mencionamos en este último tiempo, y muchos de ustedes ya han recibido la enseñanza personal para la tarea específica que cada quien decidió hacer en la Tierra.

Podemos vislumbrar el nuevo amanecer en la Tierra, el día cósmico se ha iniciado, y vemos que las nieblas se disuelven. La Tierra se viste de Luz gracias al Amor de sus hijos. Esto es relevante y nos agrada manifestárselos por este medio.

Inicia una nueva era en la Tierra: la era de la luz, la era de la iluminación de la conciencia superior, en la cual cada ser de luz dispuesto anda con una nueva fuerza de luz, una nueva vibración fotónica.

Con la energía cuántica hemos hecho una inserción fotónica en el espectro radial de cada ser dispuesto en el planeta.

Visualizamos desde el espacio distintos y maravillosos focos de Luz: ustedes, que la anclan, la diseminan y la expanden por todo el globo terráqueo, y también al Universo. Han logrado depurarse y atraer la magnificencia del ser crístico que mora en cada uno. Obtuvieron una inserción nueva de Luz, una rarificación del cuerpo de Luz y activaron los canales Ka,[6] que estaban obstruidos celularmente a nivel subatómico. Disolvieron las nieblas con el trabajo interno realizado con sus guías propios y con sus ángeles. El dictado automático nos permite ayudarles en todo momento.

Es importante y necesario utilizar los dones que ya han sido aperturados. En este momento, la gran mayoría de nuestros hijos amados usan los dones de clarividencia, claripercepción plena, clariaudiencia, sabiduría interior, alquimia y sanación. Vemos todo esto por medio de sus campos magnéticos con colores correspondientes sobre todo a la Cuarta y la Quinta Dimensión:

---

[6] Canales por los que fluye la energía Ka, como un circuito eléctrico.

- Rosa pálido (indica el Amor divino en su vida terrena); dorado iridiscente (el color manifestado de la energía cuántica)

- Oro cristalino (la energía cuántica, la energía sanadora, regeneradora y restauradora que circula en sus campos magnéticos)

- Azules en todas sus gamas (tonalidades que indican la presencia de un ser sanador, de una energía sanadora)

- Dorados platinados (pertenecientes al color cuántico de Cuarta Dimensión que combina dorado con platino, es decir, sanación y alquimia, y, por sobre todas las cosas, la Gracia Divina)

La Alquimia se manifiesta en la Tercera Dimensión proveniente del Sol Central. Es un polvo etéreo color plata que emana a la Tierra con un peso metálico y se asienta en cada ser de Luz dispuesto para trabajar con la decodificación genética. Estos colores están ya en sus campos magnéticos.

Ustedes, al transitar la Tierra aperturan la Luz en ella, disipan la niebla y crean un nuevo estilo de vida en Tercera Dimensión. Lo hacen al portar la energía cuántica que se ha asentado poco a poco en la medida de su despertar, gracias a la disposición de cada uno de ustedes a mostrarse como seres de Luz poseedores de bondad, alegría, creatividad y sanación.

Muchos han trabajado con la sanación utilizando la palabra, el fonema, el sonido y la calma divina; han creado, con pensamientos positivos e imaginación, mundos nuevos, paralelos a aquel en el que residían antes en Tercera Dimensión. Dejaron atrás el caos, el horror, y avanzan en una gran escalada cósmica hacia el espacio sideral, hacia una nueva dimensión de conciencia plena, en la que se manifiestan con los dones ancestrales a través de su divinidad, de su impronta celular.

El conocimiento se está abriendo, gracias al devenir de ustedes, seres maravillosos dispuestos a trabajar con y para la Luz, accionando la palabra y el pensamiento creativos, la calma divina, la alegría y el buen humor.

También ha influido en este cambio su anuencia para escucharnos en forma personal; recibir las directrices; emprender su propio crecimiento evolutivo; sanar sus cuerpos materiales mediante la ingesta sana y la depuración tóxica; iluminarse con Luz y Amor; hacer solicitudes, y usar el sándalo dulce, que mejora su vida en la Tierra y los protege.

La Luz es aroma y sonido. Por fortuna, ya han trabajado con estos elementos maravillosos que se les acercaron debido a su solicitud y disposición.

Regalos celestiales

Los regalos celestiales, que son tres, se incrementarán a medida que ustedes avancen en su tarea. Hemos trabajado en conjunto y en convergencia armónica con ellos.

Energía cuántica

La energía cuántica es esta Luz intensa de alto poder vibracional proveniente del cielo; es sagrada y puede manifestarse en Tercera Dimensión por medio de ustedes, con el color dorado en el campo áurico.

Esta energía regenera y restaura las células dañadas, las cuales vuelven al origen siguiendo el orden de la Luz y girando de izquierda a derecha.

Visualización

Visualiza constantemente esta LUZ sobre ti, sobre quienes te rodean, adentro y afuera de ustedes.

Visualiza célula por célula iluminada por el dorado platino.

El elemento Agua

El Agua Diamantina es de origen celestial y fue transferida a la materia mediante la ciencia. Hubo que contar con un ser de la Tierra dispuesto a trabajar con la Luz, para llevar a cabo esta tarea magnificente que fue la creación del Agua Diamantina. Esta agua está hecha con los códigos ancestrales del origen en la Tierra, con los códigos de la Luz y tiene el gran don o poder de regenerar todo lo que gira en forma involutiva, como lo hace la energía cuántica; sin embargo, el agua —al estar creada por el Amor, la música y el sonido— actúa en forma material, atrae directamente los códigos de la Luz y responde al sonido vibratorio del Amor. Y como la Luz es sonido, responde a la vibración armónica del Amor.

🦋 Bendición

El Agua Diamantina puede ser programada por ti y por cada ser de Luz en la Tierra. Bendícela con tu corazón y pide dos deseos por cada ingesta. Ella se manifestará a través de la Luz, respondiendo a los códigos que hayas pedido.

El Agua Diamantina está disponible, ya circula en la Tierra. Se efectúan grandes sanaciones con ella. El Planeta es salvaguardado por sus hijos, y los animales y las plantas responden a esta vibración, a esta sanación. Es positivo que ustedes mantengan esta vibración de Luz y de Amor, creando nuevos patrones para una Tierra sana y fértil, libre de tóxicos.

El agua desmantela áreas estancadas en ríos, acequias, mares, ciudades, parques y plantas. Todo vuelve al origen.

🦋 Beber el agua

Bebe Agua Diamantina todos los días. Verás que es un elemento vital para tu sanación, la de los demás seres humanos, y la del planeta.

Sándalo dulce

El sándalo es un aroma, un aceite esencial y es de color ámbar; coincidentemente tiene que ver con la Energía cuántica que es dorada. Entonces, el sándalo es Luz, porque la Luz es aroma y sonido.

Provéanse de estos tres elementos: energía cuántica, Agua Diamantina y sándalo dulce. Regalos celestiales que se manifiestan por medio de ustedes en Tercera Dimensión, para transitar la Tierra con Amor y Luz. Por supuesto, los dones ancestrales se están activando gracias a su disposición. Aunque parezca redundante, son ustedes quienes hacen posible este proceso.

Ejercicios lumínicos

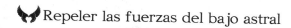Repeler las fuerzas del bajo astral

Cuando uses el sándalo dulce en tu cuerpo a manera de unción o bendición, solicita sanación y todo lo que necesites en la Tierra para estar protegido; el aroma repele las fuerzas magnéticas de bajo astral. Así te protegerás de toda adversidad, al igual que tus casas, hijos, animales, entorno y lugares de trabajo.

Unge tu cuerpo con aceite de sándalo dulce, en especial a la altura de los chakras centrales. Hazlo de manera constante y permanente, de preferencia por las mañanas.

capítulo 3

Dictado automático

En palabras de Ana

Como mencioné, comencé a comunicarme con los ángeles por medio del dictado automático. Aquí explicaré qué es y cómo pueden hacerlo ustedes.

El dictado automático es el don de recepcionar a nuestros ángeles por medio de la escritura. Es decir, nos comunicamos con ellos vía el lenguaje escrito.

Al final de este capítulo incluyo los pasos a seguir para este dictado.

No importa si crees que eres tú quien habla, en verdad son tus ángeles quienes te susurran y se comunican por medio de nuestro pensamiento. Como si fuera nuestra conciencia.

A medida que escribas, te darás cuenta de que no eres tú quien se expresa. Tienes que adquirir sabiduría y maestría en la recepción escrita. Sólo hay que estar dispuesto.

Es preciso también creer y aceptar que son ellos, nuestros ángeles, los que nos hablan.

El Dictado Automático es como acceder a la frecuencia radial y hacer la sintonización correcta. Es cuestión de práctica, voluntad y discernimiento.

Es también un diálogo con tus ángeles. Por tanto, puedes preguntar y charlar a fondo con ellos. Recibirás instrucción y enseñanza justas que atenderán a los requerimientos de cada uno para crecer.

Ejercicios lumínicos

❤️ Cómo realizar el dictado automático

Toma tu cuaderno de Dictado Automático y lápiz o bolígrafo.

Para una mejor conexión, elige un lugar de tu casa que esté limpio; pon flores (a los ángeles les encantan); aromas (esencias o sahumerios, también les gustan mucho); música suave. Sentirás alegría al estar dispuesto a escucharlos.

Ora. Pide permiso al Padre Celestial para comunicarte con tus ángeles, diciendo: "Padre, bendíceme, permíteme alcanzar la frecuencia de mis ángeles para poder escucharlos. Deseo hablar con seres de Luz que trabajan en la concreción del Plan Divino en la Tierra. Amén". Sella con la señal de la Cruz.

Escribe en tu cuaderno una pequeña referencia en forma escrita. Salúdalos, hazles una pregunta, o lo que desees. Cuando hayas elaborado tu texto, espera una respuesta. De inmediato escribe lo que venga a tu mente, sin razonar, sólo plasmando eso que "escuchaste".

Al terminar, agradece la asistencia divina.

Es de suma importancia que hagas una recopilación de los escritos, te servirá de ayuda y aprendizaje. Será como tu Libro de la Sabiduría. Recorre tu camino. Adelante. Sé feliz.

capítulo 4

Decodificación genética

Códigos genéticos

Los códigos genéticos son escrituras sagradas que cada uno lleva en su cuerpo celular, en su divinidad. Sabemos fehacientemente que a través de los siglos han venido a la Tierra para ayudar a decodificar las células que en algún momento fueron mutadas y programadas hacia la negación. En este momento de gran apertura y de gran Luz divina en el planeta, sus códigos han empezado a activarse; esto quiere decir que las células que giraban en sentido involutivo vuelven al origen, se encienden y activan el conocimiento interior. En este momento muchos de ustedes reciben la asistencia de sus maestros en forma personal; adquieren nuevos conocimientos, como el lenguaje sánscrito, el que se usó en la Tierra en el origen; símbolos sagrados de las antiguas escuelas mistéricas del Alto Egipto; numerología, símbolos, adornos físicos, elementos sagrados, ritualistas; las vestimentas espirituales que portaban en el origen de la Tierra, y símbolos sumerios.

En los encuentros celestiales personales con ustedes vemos colores intensos (dorado iridiscente, rosa pálido, azules claros y el platino por excelencia) que son portadores de una nueva Luz y una nueva frecuencia, que activan el poder ancestral en sus manifestaciones terrenas. Vemos un gran conocimiento que se ha revelado y que ustedes accionan en este momento en la Tierra.

Nos dirigiremos de modo específico a esta colonia atlante que reside en Mendoza y en muchos otros lugares del mundo, y que también ha logrado esparcir el conocimiento akáshico, es decir, el conocimiento ancestral. Ustedes, como generadores de Luz y precursores de esta nueva frecuencia en la Tierra, trabajan con sus dones:

alquimia, sanación, transmutación, clarividencia, clariaudiencia y claripercepción. Los hemos mantenido en sintonía por su disposición y sus ganas de crecer y hacer de este, un mundo mejor. Hemos trabajado juntos en convergencia armónica para manifestarnos en su ser de Luz, descubriendo estos códigos.

Los códigos responden a una simbología sagrada manifestada en el origen para guardar el conocimiento y asegurar que estuviera sólo en manos de los seres que transitan la Tierra con Amor, para que puedan activarse en el momento oportuno. Y, como saben, ese momento ha llegado. Estamos en este ahora, viviendo un nuevo tiempo. Hemos trabajado intensamente a lo largo de millones de años en la Tierra para poder activarlos y decirles "Ustedes son hijos del Padre, son hijos de la Luz, son familiares de la Luz. Abran su corazón al Amor divino, al Amor universal, al Amor unificado. Unifíquense, porque cada uno es parte de un mismo cuerpo; son partes de un ser; son semillas de Luz esparcidas por la Tierra para unificar la Luz en ella, para integrar un solo cuerpo, una sola fuente: la fuente de la Luz, la Creatividad y el Amor".

Con el transcurso del tiempo terreno, vimos que la respuesta ha sido magnífica y que la inserción fotónica se llevó a cabo por medio de ustedes, los receptores físicos que habitan el Planeta, que son los hijos de la Luz. Seres que por propia voluntad han venido a la Tierra a hacer esta tarea de unificación.

Estamos aquí para impartirles enseñanza. Diremos que este grupo de atlantes y lemurianos que habitan el Planeta ha logrado sacar a relucir sus dones, asentar una nueva frecuencia en la Tierra. Y ahora se están colocando las bases de una nueva civilización.

Ya muchos habitan la Tierra con gozo, alegría y sabiduría, sabedores de todo lo que hemos comentado y enseñado en este tramo del tiempo terreno, desde nuestro primer libro. A través del *Manual de energía cuántica* la tarea se realizó sin impedimento, y ustedes han podido crecer y evolucionar en muy poco tiempo para alcanzar una nueva dimensión. En su mayoría se encuentran ya en una Cuarta Dimensión, abriendo ya la Quinta Dimensión, lo cual indica que en la Tierra los seres humanos transitarán una vida nueva. Se erradicarán el dolor, la miseria y el conflicto. La Tierra nueva brinda a sus hijos la unificación, la integración con la paz y la alegría, y esto está sucediendo ahora.

Nos alegra manifestarnos por medio de ustedes y comunicarles la buena noticia. Estamos aquí para vivenciar un nuevo tiempo: el ahora, el Nuevo Amanecer Cósmico. El oscurantismo dejó de ser la presencia reinante en el Planeta y dio paso a una presencia lumínica, desde la cual la Luz invade el globo terráqueo, inundando cada lugar. Ustedes han despertado y han podido orar y transferir esta Luz a la Tierra, ahora colmada de magnificencia e iluminación.

La Tierra, siendo una joya invaluable y ancestral, fue manipulada y sometida al dolor, al caos, al oscurantismo por muchos millones de años. Este momento que se vive hoy representa el gran cambio por el cual ella vuelve al origen, gracias a la disposición de sus hijos que han logrado revertir esta situación con la redención de su alma y la bendición de su corazón por el Padre Celestial. Los hijos, unificados en oración y gratitud, pueden vivir con Luz, Amor y Creatividad. Todo esto ocurre gracias a ustedes, los seres dispuestos para esta tarea.

La humanidad despertará mediante los códigos genéticos.

Los seres humanos han habitado el planeta por miles y miles de años. Este tiempo de grandes desmanes y distorsiones moleculares terminó. Vemos que hay una nueva frecuencia en la Tierra que favorece que todo se manifieste en claridad. Vemos a muchos de nuestros hijos trabajar en el sentido de la Luz, emanándola por doquier. Este trabajo cósmico planetario se lleva a cabo con gran eficiencia en la Tierra gracias a los receptores físicos que hay en ella, ustedes, nuestros hijos amados.

Nuestras nuevas enseñanzas servirán para concretar el Plan Divino en la Tierra: instaurar la frecuencia de la Luz en el Planeta, con Amor, alegría y paz. Muchos de los designios fatalistas manifestados a través de muchos canales aperturados para profetizar y ayudar en este plan se han disuelto en gran medida. La Tierra se viste, se engalana de Luz, de Amor. Falta muy poco para que esto finalice del todo y empiece este trabajo de Luz, por el cual todo el planeta ascenderá a un plano superior de conciencia. Este proceso se realiza con gran eficiencia.

Esta tarea nos hace sentir complacidos, y particularmente en Mendoza, que, como hemos dicho, es una ciudad sagrada. Vemos que su estirpe celestial ha activado los códigos genéticos. Daremos explicaciones a nuestros hijos que trabajan en este sentido y los que leen estas palabras podrán hacerlo de forma inmediata.

El despertar a la conciencia a la Luz radica en darse cuenta de que hay una vida nueva, que hay alternativas de vida diferentes a las que estaban acostumbrados, las cuales se mantienen en una vibración fotónica distinta, creando armonía y paz en su vida.

Es indispensable tener plena confianza, creatividad y liberarse del escepticismo. Por ejemplo, cuando un ser de Tercera Dimensión transita la Tierra, piensa que este estado de cosas es natural y cree que debe sufrir, que todo está pautado así y no hay salida. Da siempre vueltas sobre lo mismo y no avanza en su crecimiento. Está impregnado de dolor, envuelto por el caos, la violencia, la insensibilidad, el conflicto. Quienes transitan la Tierra son seres de Luz, son nuestros pares, están hechos a imagen y semejanza divinas. Es necesario ayudarles a despertar para que encuentren una vida nueva y feliz, que busquen alternativas y salgan de este entorno, como lo hacen ustedes ahora.

La Luz se asienta en la Tierra y el Universo entero se verá beneficiado con ella. El planeta es de un color azul luminoso y en él se crea vida, tiene su origen todo lo creado. Ustedes, como hijos de la Luz, son responsables del proceso de redención del planeta para volver al origen: Amor, creatividad, Luz, la propia fuente dadora, el ser universal que está impreso en sus corazones, en sus cuerpos de Luz y en sus células.

La decodificación genética indica el despertar hacia un nuevo conocimiento de Luz y de Amor, reaccionando, respondiendo a la frecuencia original: la creatividad y el Amor. Cuando un ser despierta al nuevo conocimiento, busca salidas, caminos, y los encuentra. Y aquí estamos nosotros para asistirlos; nuestra tarea en la Tierra es apoyarlos, enseñarles, cuidarlos, protegerlos, anclar una nueva vibración fotónica en sus campos magnéticos para ayudarles a emerger de la oscuridad y de la densidad en forma eficiente y rápida.

Los tiempos se agilizan, y el tiempo final llega muy pronto. La tarea en la Tierra es intensa y los seres de Luz que se comprometieron a trabajar en este Plan Divino actúan con total disposición, activando sus conocimientos ancestrales, sus dones, los dones del Espíritu Santo, dones celestiales para ayudar a sus pares. Así, la Tierra será bendecida con el Amor del Padre y todos serán salvaguardados del horror y la miseria.

Por medio de nuestro vínculo terreno, nuestro portavoz angélico que es Anita, hablamos en específico de la decodificación en los ejercicios de sanación que impartimos en talleres, charlas y conferencias.

Compartimos lo siguiente: la Tierra se engalana de Luz y de Amor. Hemos tenido algunos encuentros celestiales y reuniones cósmicas interestelares en nuestro espacio dimensional, el Cerro Aconcagua. Nos hemos reunido allí todos los seres de la Tierra que trabajan en este Plan Divino. Seres de Luz comprometidos para anclar la Luz en el Planeta han recibido directrices fidedignas de sus maestros ascendidos y comandados por Jesús de Nazaret. En este caso, nosotros lo hacemos en este manual, comunicándoles algunas enseñanzas y experiencias vividas por nuestros hijos que ya trabajan en la apertura de códigos. Sabemos que decodificar es volver al origen, usar la frecuencia original de Luz y Amor que gira de izquierda a derecha. El movimiento de la Luz es una espiral dorada platinada, es la frecuencia de la Luz.

La Cordillera de Los Andes guarda dentro de sí el gran conocimiento, la tecnología más avanzada que ustedes han revelado desde el origen de sus días en la Tierra. Esta magnificencia celestial se decodificará por medio de su creatividad. Día a día escalarán el Gran Portal Dimensional para recibir la instrucción que cada uno necesita para ejecutar la tarea por la cual vino a la Tierra. Muchos ya han tenido acceso al conocimiento, reciben información superior a través de sus guías ancestrales, sus ángeles y sus maestros, y manifiestan sus dones en la materia. Vemos que esta gran movilización atlante en Mendoza expande el conocimiento hacia el Universo, hacia el Planeta. Cada ser tiene las llaves de ese conocimiento, sus propias herramientas y códigos.

Los códigos atlantes y lemurianos están escritos en su impronta celular. En esta gran apertura de conciencia a la Luz, sus campos magnéticos señalan esta gran decodificación que han logrado gracias a la disposición y al trabajo esmerado que efectuaron en este último tiempo. Los códigos han sido despertados, redescubiertos, gracias a la inserción fotónica que anclaron en esta Tercera Dimensión para portar la Luz de la Cuarta y de la Quinta Dimensión, y para ayudar a quienes aún no despiertan.

Con este trabajo cósmico se ha emprendido una enorme tarea: la apertura de conciencia a la Luz. Aclaramos en términos tridimensionales que la decodificación genética es la apertura de conciencia a la Luz. Se accede a los códigos que cada uno lleva en su interior, en su impronta celular; una enseñanza superior por la cual vino a trabajar a la Tierra. Los códigos están abiertos y, por tanto, cada ser dispuesto que ha trabajado, que ha trascendido los egos mayores y sus pautas kármicas, está ahora en condiciones de recibir la enseñanza requerida para su tarea. Muchos de ustedes han logrado obtener nuevos conocimientos mediante los códigos: sonidos, es decir, mantras; geometría sagrada; oraciones formadas por cuartetos, poemas, frases que se les están dando; numerología; repetición de hermosas afirmaciones; ejercicios de elongación de columna y ejercicios al amanecer; ingesta sana; lenguaje sánscrito, palabras que se les manifiestan a medida que nos escuchan. Por medio de ustedes vemos códigos que empiezan a revelarse y cómo los usan.

En este libro se trata con sencillez cómo aperturar los códigos genéticos que están en su impronta celular y representan las llaves del conocimiento ancestral para trabajar en la concreción del

Plan Divino; todo ello mediante la disposición, el Amor universal, el Amor divino, el esfuerzo que cada uno hace para pasar por la Tierra con Amor, Luz y, por encima de todo, con creatividad. Les hemos enseñado en nuestros talleres, trabajando con la sanación, la prosperidad, el entendimiento, la creatividad, la alimentación. Se les ha transmitido mucha información contundente que recibieron por su propia inquietud y sus propios deseos. Estamos aquí para apoyarlos, somos sus maestros, guías y ángeles que realizarán una gran tarea. Nos alegra infinitamente manifestarnos en ustedes. Esperamos obtener respuesta de aquellos que aún se encuentran en la primera fase de conocimiento, respondiendo a nuestro llamado. Seguimos en esa tarea.

Todas las células girarán de izquierda a derecha, no tendrán peso, podrán elevarse y trascender a planos superiores de conciencia, donde espera realmente una vida nueva.

La Tierra ascenderá junto a ustedes gracias al Amor que le profesan; este planeta ascenderá y volverá al origen, que es Luz, paz, creatividad. En la Tierra, gema espléndida desde el origen, se crea vida, se gesta todo lo que ustedes puedan imaginar, soñar, y las cosas más increíbles les serán dadas. Este tiempo que hoy se vive en la Tierra se esperó durante miles de años, incluso eones. Hoy se manifiesta en el despertar de la conciencia y la llegada de seres de Luz de gran maestría que han vuelto para trabajar en la concreción del Plan Divino y la ascensión planetaria.

La luminosa Estrella de David apunta al centro de la Tierra y muchos de ustedes la portan en su campo áurico. La clave es acondicionar el cuerpo para la gran manifestación de Luz que emana desde el espacio sideral hacia ustedes, las fuentes de Luz terrenas, los depositarios de la fuente de Luz Universal. Acaten las leyes de la Gran Confraternidad Universal.

Cada átomo y célula están diagramados mediante símbolos sagrados. Contémplense como formas manifiestas de Luz que emanan un gran potencial lumínico hacia el espacio sideral. Practiquemos la reflexión juntos y obremos unificados.

Decodificación genética: ¿qué es?

Seres de gran valía como ustedes se decodifican a sí mismos. Es necesario revertir esta situación reinante para proyectar nuevos esquemas de vida y alcanzar un nivel de conciencia planetario, en el cual se alcance la **unificación** mediante el sentimiento de Amor hacia sí mismos y hacia el Plan Mayor.

La decodificación genética es un tema de amplio espectro, en el cual podemos ayudar de muchas formas, por ejemplo, a revalorar al Ser Supremo o Yo Superior de cada habitante del planeta.

La decodificación consiste en acceder al conocimiento ancestral para hacer uso de los dones que existieron en el origen de la Tierra. Es la facultad de revertir la gran involución y cambiar por la Luz los diferentes centros corporales, como el hipotálamo. En esta tarea, la función del hipotálamo será segregar hormonas que los llevarán a un estado superior de conciencia. Asimismo, podrán activarse la glándula pineal y el timo para alcanzar una gran complejidad atómica.

Su masa encefálica, que ahora presenta rupturas en algunos puntos, se activará y sus patrones de comportamiento ancestral volverán a ustedes. La interconexión molecular permitirá que se unan los circuitos neuronales que fueron apagados. Para muchos, esto se relaciona con la aparición de visiones y la clarividencia. Muchos ya han activado este centro motriz, pero ahora el despertar es masivo. Por eso les pedimos que asistan a nuestros talleres, para que, por esta emanación de Luz, todos y cada uno se manifiesten en plenitud y accedan a sus códigos, que estaban encapsulados en el tiempo infinito.

Mediante la sincronización FEME,[7] sus centros nerviosos se activan y se capacitan con conocimientos ancestrales; establecen el equilibrio mediante la activación de la glándula pineal, que corresponde

---

[7] Sincronización de los cuerpos físico, emocional, mental y espiritual.

con el don de la claripercepción plena, es decir, la manifestación total de los dones en cuestión.

Hay una gran concentración de Luz irradiada por las fuerzas creadoras universales que se asientan en el centro mismo del cráneo, manifestando una hermosa fluorescencia hacia el espacio sideral. La magnificencia de cada uno de ustedes comienza a emerger de los chakras inferiores, los de la reproducción y la raíz. Estos dos crísticos de Luz les brindan contención en la vida terrena. Y en el chakra que despertó su conciencia a la Luz se muestran con colores áuricos de gran trascendencia: colores iridiscentes y trifásicos (no conocidos estos últimos en la Tercera Dimensión).

Nuestra tarea es asistirlos y reafirmarlos en su esencia, que es magnificente y lumínica.

Ejercicios lumínicos

 Sincronización

Accede a tus códigos para manifestarte en plenitud. El primer paso será acudir a nuestros talleres.

Activa tus centros nerviosos poniendo en práctica la sincronización FEME.

capítulo 5

Gran Portal Dimensional

El Gran Portal Dimensional es un foco lumínico de enorme trascendencia que se genera en algún punto del planeta, donde se han desmantelado áreas estancadas y que estuvo tapado u oculto por eones.

El mapa de Mendoza está delineado en una banda fotónica. Sobre él se aprecia un templo. Es un antiguo templo de Luz, y desde este centro se emanará la Luz hacia la Tierra y el Universo. Este conocimiento fue descubierto por los seres de Luz que respondieron a nuestro llamado. Seres de origen atlante y lemuriano residen en Mendoza, la colonia atlante que vuelve desde el origen para liberar sus dones y trabajar en la concreción del Plan Divino en el Plan Mayor, abriendo esta zona de gran inserción fotónica.

Tras disiparse las nieblas, el Gran Portal Dimensional del Cerro Aconcagua fue aperturado en el transcurso de 2002 a 2003 y hoy está en plena actividad, custodiado por los seres de Luz, guardianes plenipotenciarios de Luz, maestros ascendidos y jerarquías divinas. Este portal, establecido en el origen de la Tierra y que hoy emite Luz a todo el Planeta y al Universo fue develado por el Amor infinito y la gran dedicación al Plan Mayor de los hijos de la Luz que transitan la Tierra llevando la energía cuántica consigo en su recorrido, desmantelando áreas estancadas y disolviendo las nieblas que lo obstruían.

A través del portal trabajamos con los residentes de Mendoza y con muchos seres provenientes de distintos lugares del mundo que han podido anclar la frecuencia en este portal y manifestar su Luz, para después transmitir el conocimiento adquirido a sus lugares de residencia: en primer lugar, diversos países de América Latina, España, Asia y muchos más. Ellos contactaron y volvieron al punto de origen, Mendoza, y al Cerro Aconcagua, máximo exponente de la magnificencia celestial en la Tierra del cordón de plata en el que se asientan las bases de una nueva civilización: la Cordillera de los Andes. Este gran portal es el centro mismo del vórtice de energía lumínica que se expande por todo el planeta. Serán revelados los secretos akáshicos de las antiguas escuelas esotéricas diseminadas por el planeta.

En el *Manual de energía cuántica* les indicamos cómo trabajar en forma preliminar para este plan de salvamento de la humanidad y han hecho tan bien esta tarea que ahora nos encontramos en su etapa final. Se concreta el paraíso en la Tierra. Ahora les daremos directrices fidedignas para esta nueva apertura, para este nuevo crecimiento.

Sí, el planeta se engalana con la Luz de sus hijos en sentido físico y terrenal. Gracias al despertar de quienes trabajan con y para la Luz, se ha materializado y reabierto un antiguo y gran foco de Luz en la Tierra. Un fulgor en expansión tapado durante eones por la niebla, el oscurantismo, la densidad y la formación de pensamientos impuros esparcidos por la propia humanidad.

En este momento de cambio trascendental en la Tierra, cuando las huestes celestiales trabajan alrededor del planeta en conjunción armónica con los seres humanos que en ella viven, que la defienden, que salvaguardan con su Luz áurica los lugares lumínicos, estos han ido aumentando. La inserción fotónica recibida por cada uno de ustedes de la Energía cuántica ha abatido un área que estaba muy densificada y resultaba imposible encontrar desde el espacio sideral. En la Cordillera de los Andes se abrió un Gran Portal Dimensional que es en forma material el Cerro Aconcagua, el más alto de aquella. En sí mismo, el Aconcagua es un gran cristal de cuarzo que irradia Luz hacia la Tierra y hacia el espacio sideral, iluminándolos y abriendo una intensa banda fotónica de gran amplitud, donde las conexiones celestial, intraterrenal y de superficie están unificadas. Los seres humanos están unificados con el Todo por medio de los seres de Luz que convergen hacia el planeta en esta entrada lumínica, usada como una puerta hacia su interior y exterior. Muchos de nosotros, sus Ángeles de la Guarda, custodiamos este foco lumínico. Seres de gran estirpe celestial, maestros ascendidos, jerarquías divinas, protegen la entrada del portal, manifestando en él Luz, armonía y paz para irradiarlos desde allí a la Tierra entera, a los seres dispuestos a trabajar con y para la Luz.

La Luz y el gran despertar que trajo el Portal Dimensional del Aconcagua, además de desmantelar áreas estancadas, produjo el equilibrio que el planeta necesitaba. A través de Anita hablamos de la situación geográfica del portal y de qué manera ustedes se movilizan con él. Ahora, en este *Manual de ejercicios lumínicos*, queremos difundir la información para que puedan utilizar este gran centro de Luz, esta gran banda fotónica lanzada desde el Cerro Aconcagua y desde el espacio sideral.

Para instruirlos en este sentido, la primera medida es compartir algunos aspectos que quizá ya conozcan, pero que vale la pena destacar.

Este gran portal de Luz se abrió por el despertar de ustedes, los receptores físicos de la Luz en el planeta. Por medio de la radiación magnética que emiten, lograron anclar una nueva frecuencia en el planeta, una nueva vibración fotónica, una nueva inserción, una Luz intensa que se depositó en sus campos áuricos. Han preparado y sincronizado sus cuerpos físico, emocional, mental y espiritual, esto es, lo que llamamos sincronización FEME. Sus cuatro cuerpos están alineados por completo con la Luz. Ustedes mantienen la vitalidad, el pensamiento creativo, se movilizan en planos superiores de conciencia, alistan su cuerpo físico como un elemento básico, como un vehículo de transporte en el cual se traslada el cuerpo celestial. Han abatido áreas estancadas en sus cuerpos, iluminándolos con la energía cuántica, regenerándolos, restaurándolos, alimentándose de forma sana y ayudándose con la visión etérea, el pensamiento creativo y la Palabra o el Verbo Divino, que es el Verbo Creativo. Han hecho un gran cambio y este giro evolutivo se manifestó físicamente en este gran portal.

El portal responde a la vibración fotónica de los hijos de la Luz que pueblan el lugar. Ustedes, receptores físicos en la Tierra, lo posibilitaron. Pero, sobre todo, la gran tarea ha sido de la colonia atlante residente en Mendoza, formada por seres de Luz de gran espectro radial que sentaron las bases de una nueva civilización, de una nueva frecuencia planetaria. Con su intenso trabajo y su unidad, lograron trascender el sistema rígido y corrupto, el sistema lineal que imperaban y procesaron grandes cambios físicos y espirituales. Alcanzaron planos superiores de conciencia, trascendieron la Tercera Dimensión, dejaron atrás las nieblas, rarificaron el cuerpo, aligeraron los pesos y ahora presentan liviandad en sus cuerpos.

Por consiguiente, en Mendoza estos seres transitan ya la Cuarta Dimensión, en la cual se autosustentan con su creatividad, reciben el suministro cósmico con sus solicitudes, muestran la intención del Amor para crear lo que necesiten por el pensamiento, usan la Energía Talciónica por la visión etérea. En pocas palabras, hacen descender a la Tierra lo que necesitan usando el símbolo sagrado que es la Cruz y dejándose fluir, para que nosotros trabajemos en sus solicitudes, unidos en convergencia armónica.

Recuerden, la convergencia armónica es el trabajo conjunto de ángeles y humanos en un plano tridimensional; a su vez, este es la vida cotidiana, lo que ustedes ven, el mundo ilusorio que tocan, ven, dónde se movilizan. Pero la gran mayoría de los seres de Luz de Mendoza se encuentran ya en la Cuarta Dimensión. Si bien comparten la historia terrena en Tercera Dimensión, han logrado ascender por tener cuerpos y mentes sanas al usar su propia creatividad y atraer hacia sí modelos de vida terrenal paradisiaca, desde los cuales han sanado enfermedades irreversibles, han armonizado y dejado atrás el conflicto, la miseria, el horror. Viven en estado de paz, creando y ayudando a sus pares.

Este grupo de seres magníficos que viven en Mendoza se ha reunido en talleres, como respuesta a la Convocatoria Angélica. Nosotros los invitamos por medio de las entrevistas que ofrecemos a los seres dispuestos y responden al llamado celestial de sus ángeles por intermedio de Anita. Nosotros convocamos a grandes maestros que vivieron en el origen de la humanidad como seres potencializados y alineados por completo con la Luz, que hicieron una gran tarea y aprendieron el arte del crecimiento, de la creatividad, de aplicar a la materia los dones celestiales, que son los dones del Espíritu Santo.

En este momento, muchos de estos seres activan sus dones; trabajan con y para la Luz en beneficio de sí mismos y de los demás; realizan una gran tarea de unificación y desmantelamiento de áreas estancadas; utilizan los dones celestiales como la claripercepción plena, la clarividencia, la clariaudiencia, la transmutación y la alquimia.

La gracia divina desciende a la Tierra a través del don maravilloso anclado en los campos áuricos de todos los seres dispuestos a trabajar en este sentido.

La alquimia es un polvo etéreo platinado y metalizado enviado desde el espacio sideral y recibido por los seres aptos que han evolucionado significativamente y pueden trabajar con este don tan maravilloso de poder cambiar y activar la codificación genética en todo lo que hay alrededor del ser receptor.

La luz en el portal

Ahora hablaremos de la energía lumínica y maravillosa que se produce en el Portal Dimensional y de qué manera pueden trabajar en él adquiriendo conocimiento, Luz, creatividad, bienes materiales, todo lo que necesiten del suministro cósmico.

El portal es una fuente de Luz en la que se manifiesta el amor del Padre Celestial hacia sus hijos.

Los seres capacitados y los que descubran el conocimiento a través de sus ángeles al responder a este llamado celestial, trabajan intensamente con la Luz del portal, como lo han hecho los magníficos mendocinos dueños de dicho portal porque habitaron en el origen y pudieron usar la tecnología espiritual avanzada que reside allí, es decir, el conocimiento ancestral.

El Portal Dimensional abre sus puertas para quien quiera usar los dones; captar el conocimiento ancestral; hacerse cargo de su responsabilidad en la Tierra para redefinir su tarea y hacer lo que vino a hacer; asumir el compromiso con Dios Padre; ejecutar el proceso evolutivo que eligió antes de venir a la Tierra, y descubrir de qué manera tiene que trascender. ¿Cómo podemos informarle? Con la enseñanza. En el portal reside el conocimiento akáshico de cada ser terrestre.

Nosotros, Ángeles de la Guarda, maestros ascendidos, que llegamos a asistirlos en este gran plan de salvamento de la humanidad, comandado por Jesús el Nazareno. Este se lleva a cabo con acierto, alegría y eficiencia por ustedes, los seres de Luz, con las enseñanzas que les impartimos y el conocimiento ancestral que activamos cuando ustedes usan su voluntad y nos la transmiten con el pensamiento.

Un viaje al Portal

Si tú estás dispuesto a recibir la enseñanza primigenia, viaja al Portal Dimensional; pide a tus ángeles la guía divina para trasladarte hasta ahí en forma etérea. Allí te recibirán e instruirán tus ángeles, tus maestros ascendidos y las jerarquías divinas. Se te entregará el cristal akáshico que te corresponde e instrucciones fidedignas y personalizadas sobre tu tarea en la Tierra. Al volver a la Tercera Dimensión se te instruirá por el dictado automático o los dones que hayas despertado, como la claripercepción plena o la clarividencia.

En el portal, además de recibir nuestras instrucciones y el suministro cósmico, podrás pedir lo necesario para vivir en la Tierra; por ejemplo:

- Los bienes materiales indispensables y su multiplicación: vestimenta apropiada, un buen lugar de residencia.

- Salud.

- Reapertura del conocimiento.

- Activación de los dones.

- La consecución del proyecto de vida para tus seres queridos y a quienes quieras ayudar.

- La mejora del clima en tu hábitat y que este sea paradisiaco.

- Que los hijos de la Luz disfruten en el planeta.

Meditación

Para ello, haz una "meditación", una simple oración en el momento en que quieras ir al portal. Centra la Luz, es decir, envuélvete en el color dorado; haz la señal de la Cruz, con lo que anclarás la Luz Suprema en tu cuerpo y la estabilizarás en él; pide a tus ángeles que te transporten al Portal Tridimensional para recibir esta o aquella solicitud.

Haz un alto en tus tareas, ora, ponte en contacto con nosotros a través de la visión etérea. Después, continúa con tus tareas. Si quieres hacerlo antes de dormir, puedes pronunciar la oración que presentamos a continuación. Al otro día, haz tu ejercicio de dictado automático en el cual se te referirá lo que ocurrió durante el viaje que emprendiste.

Para ir al portal di lo siguiente: "Soy Luz y estoy trabajando en la apertura de conciencia a la Luz. Mis ángeles y maestros me invitan al Portal Dimensional. Deseo recibir la enseñanza fidedigna para realizar mi tarea en la Tierra con eficiencia. Amén".

Reuniones cumbre en el Portal Dimensional

Nosotros nos reunimos en el portal. En varias oportunidades los hemos invitado a Reuniones Cumbre, para las que se realiza una gran convocatoria en nivel planetario. En ellas todos los seres de Luz se congregan en forma etérea para recibir instrucciones fidedignas, de acuerdo con su tarea en la Tierra, y así ayudar en la concreción del Plan Divino y en la Ascensión Planetaria.

Celebramos ya dos Reuniones Cumbre con muy buenos resultados y con una gran convocatoria. Una fue el 15 de septiembre de 2003, y la segunda, el 21 de febrero de 2004. A cada ser que participó en ellas les dimos directrices sobre su vida en la Tierra y cómo puede ayudar en el plan de salvamento de la Humanidad.

Pronto habrá una nueva convocatoria y daremos nuevas instrucciones a quien esté dispuesto a recibir la Luz en el portal y el suministro cósmico.

Ustedes son portadores de Luz intensísima y fuente de poder y sabiduría ancestrales. A sus ángeles custodios, nos agrada que muchos vengan a escucharnos y sintonicen nuestra frecuencia para acceder a un nuevo conocimiento, que de alguna manera han poseído a lo largo de su vida en la Tierra. Los lectores de este libro también se unirán, a medida que se contacten con nosotros a través del despertar de la conciencia a la Luz. Les comunicaremos información, directrices y enseñanza personal por dictado automático y los invitaremos a las próximas Reuniones Cumbre en el Portal Dimensional, de modo que contribuyan a que la Luz siga expandiéndose.

Mucho se ha hablado de los portales, focos lumínicos de enorme trascendencia, diseminados en el planeta. Nadie sabe fehacientemente en dónde se encuentran, pues ha habido fluctuaciones magnéticas. Dichos puntos energéticos están siendo activados ahora gracias a la disposición de los seres de Luz que han comenzado a despertar y usar sus dones.

Reúnanse con nosotros en Mendoza, un punto dimensional de gran cobertura. En sus montañas hay ángeles custodios que los cuidan, porque la Luz divina se ha hecho presente en ese lugar.

Ustedes se capacitarán para activar el flujo de la Luz en esta ciudad sagrada ubicada en sus montañas. El punto de referencia es el **Cerro Aconcagua**. El portal se encuentra en el Aconcagua y en su compañero, el cerro unido a él hacia el lado **este**. Insistimos, el Aconcagua en sí es un gran cristal de cuarzo que emana Luz hacia la Tierra y hacia el espacio sideral, ilumina como un gran foco de Luz y abre una banda fotónica de gran intensidad y amplitud, donde las conexiones celestial, intraterrenal y de superficie están unificadas.

El punto es muy estratégico, no es fácil el acceso físico a esas cumbres. Sin embargo, ustedes, que son seres capacitados, al trabajar con sus dones podrán visualizar y ubicar el lugar en su mente. Irán allí y buscarán lo que ya saben, serán testigos de grandes cambios en la materia y accederán al conocimiento ancestral que está recopilado energéticamente en esa zona.

Los más avanzados llegarán físicamente y verán anillos dorados que rodean el lugar. Verán que se irradian tonos hermosos y una banda fotónica de gran alcance que inserta su Luz en ese lugar, brindando paz y gran potencial lumínico, disipando las nieblas de antaño.

Seres intergalácticos han sido convocados para cuidar ese Portal Dimensional de grandes características, para que ningún elemento ajeno a la Luz pueda magnetizarse a través de él. Seres de alta investidura, originarios de Asia Septentrional y Meridional, observan con buenos ojos este lugar y asentarán bases terrenas en él.

Ustedes, que son los dueños de ese Portal, son anfitriones celestiales en la Tierra y les corresponde saberlo, para que puedan trabajar integrados al servicio del planeta con sólo pedirlo. Es fundamental que canalicen más Luz y accedan al regalo divino de ayudar a seres semejantes activando conocimientos ancestrales. Basta que los vean llenos de Luz dorada.

Los ángeles hacen una tercera convocatoria

Los seres capacitados y los seres que abran el conocimiento por medio de sus ángeles y respondan a este llamado celestial, pueden trabajar intensamente con la Luz del Portal.

Quizá se pregunten: "¿Qué es lo que nos dicen nuestros Andes?", y nosotros les decimos: "Es lo que el Padre ha dicho".

La Tierra vuelve a su origen. Es engalanada con la Luz y el amor de sus hijos, quienes recibirán visitas celestiales. Podrán viajar y hacer lo que requieran. Habrá dinero, gratificación en la Tierra. Podrán utilizar la magnificencia del amor de la Tierra, que les gratificará con abundantes bienes, los que deseen. Es un tiempo de esplendor, y esto es real.

Ejercicios lumínicos

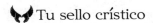 Tu sello crístico

Si deseas emprender la tarea de trabajar intensamente con la Luz del portal, lleva contigo un sello crístico, por el cual serás identificado para salvaguardar el territorio y a tus seres queridos. El sello crístico es sumamente importante porque es un código genético del origen, con el cual cada uno fue investido.

El sello será emitido por los altos rangos celestiales. Se te ungirá con el éter divino y, por tu gran valía y estirpe, se te convocará a levantar las barreras para llegar a los planos superiores de conciencia. Serás un representante en potencia.

Relee las Antiguas Escrituras y en ellas encontrarás respuestas a todas tus inquietudes. Podrás sostener una nueva vibración; revertir la salud del planeta; convertir el polvo en oro; crear y ayudarte a ti mismo.

capítulo 6

La psiquis humana

La decodificación genética se logra recurriendo a los elementos que hoy existen en la Tierra, la mente concreta y la mente suprema o la superioridad e inteligencia divinas.

Cada ser humano tiene una Luz interior. A lo largo del tiempo se ha producido en la Tierra un gran ajuste que indica que se le programó para decodificar, sanar, redimir. Todos sus habitantes reciben una nueva frecuencia de Luz en sus moléculas, en sus campos magnéticos. Este gran cambio es notorio desde el espacio sideral. La gran Luz divina desciende a la Tierra y sus habitantes son depositarios de este amor infinito del Padre, que se manifiesta como un don preciado de gran alcance magnético, la Luz Suprema de color dorado platinado, un color cuántico.

El devenir de nuestros hijos en la Tierra muestra luminosidad y decodificación a raudales. Hablemos en términos generales sobre este aspecto de la vida terrena. Los seres que se capacitan para trabajar con y para la Luz amplían su espectro radial, absorben las nieblas y las transmutan en Luz, paz, amor y alegría. En los hogares de quienes trabajan con la energía cuántica se aprecia amor y un deseo profundo de mejorar y ser feliz ayudándose a sí mismos y a su prójimo.

La oscuridad se desmantela, son grandes los logros en este sentido. Desde el espacio sideral vemos, más allá de lo que ustedes aprecian en el contexto tridimensional, una banda fotónica dorada platinada muy intensa que envuelve al planeta. Hay destellos luminosos azules y rosa pálido, pero, por sobre todas las cosas, el color platino emerge desde el centro mismo de la Tierra. Esto significa que los seres de Luz que trabajan en la tercera dimensión anclan su Luz en el centro de gravedad y que la Madre Tierra está sanando desde adentro hacia afuera. Esto genera grandes cambios físicos en ella, que de alguna manera podemos llamar caos o ajuste molecular.

El ajuste molecular indica que las moléculas con patrones negativos vuelven al origen, vuelven a la Luz, y se desintegran. Por este ajuste, en la corteza terrestre existen algunos puntos muy densos, los cuales, al ser disueltos con la Luz, provocan verdadero horror y caos. En estos lugares la niebla es tan espesa, que la decodificación es fuerte y causa grandes dolores en tercera dimensión. Esto es lo que ocurre en algunos puntos del planeta, que están en proceso de sanación. A su vez, los seres de Luz que trabajan en la concreción del Plan Divino, oran, piden misericordia para estas zonas donde la Luz no ha llegado por no haber receptores físicos. Y, como ya saben, los receptores físicos son ustedes, los humanos.

La Luz desintegra todo lo que no corresponde al Bien Supremo. Es por eso que ustedes todavía perciben esta tercera dimensión, caótica y con gran dolor en algunos aspectos. Pero, para su tranquilidad, el caos disminuye y la Luz se expande en gran medida, llevando a los confines terrestres la Luz suprema, la armonía y la paz, para así emerger de un estado de inconsciencia, brutalidad y autodestrucción. Los seres que aman el planeta surgen de la niebla y crean un nuevo paradigma, el cual se ha esperado durante millones de años. Esto está sucediendo ahora. Eso nos trae aquí para informarles sobre el mencionado ajuste molecular que consiste en la desintegración de las nieblas y el advenimiento por medio de ustedes a planos superiores de conciencia, en los cuales sólo existe la Luz.

Muchos han podido trascender el horror y viven en un estado de conciencia superior, disfrutando de bienestar, alegría y paz interior; resolviendo sus pautas kármicas con gran elegancia; proyectando el amor y la creatividad para trascender la involución. Se han enriquecido sus dones ancestrales para poder crear una nueva forma de vida, la que en este momento manifiestan. En este documento les comunicamos algunos pasos a seguir en esta nueva tarea.

En los años vividos en el globo terráqueo, en esta era moderna, el hombre ha alcanzado grandes logros científicos, ha usado su inteligencia para crear una tecnología muy avanzada, en la cual destacan las comunicaciones. Pero también ha desarrollado la inteligencia superior y la genética ancestral, ha decodificado; es decir, ha despertado a su conocimiento interior. Muchos seres que transitan la Tierra ahora, grandes maestros que han despertado y conocen su tarea en ella, están anclando nuevas frecuencias para equilibrarla, para sustentarla con Luz y para entregar el conocimiento a la humanidad.

Estos seres son ustedes, seres de gran magnificencia, colores áuricos muy claros y transparentes, colores de cuarta dimensión. Ustedes portan elementos sagrados estelares, son seres de gran estirpe y han podido manifestarse por los dones ancestrales de la sabiduría interior en tercera dimensión para trasladar esta banda fotónica y desintegrar todo lo que no se condiga con el Bien Supremo. Han hecho una muy buena gestión en la Tierra y en este momento se encuentran en un plano superior, en el que la tecnología espiritual ya está a su alcance mediante la psiquis, su propio conocimiento celular y ancestral, la integración molecular de sus células, las cuales, al girar de izquierda a derecha, despiertan su divinidad. Su Luz enciende el conocimiento que está escrito en cada una de ellas.

El cuerpo de Luz rarificado, el cuerpo magnético, la Luz Suprema, el conocimiento supremo que reside en cada uno de ustedes por su propia divinidad, lo que llamamos Doble Divino Ka o presencia crística, se está activando en el planeta. Al recuperar los dones ancestrales que son la sabiduría interior y el conocimiento metafísico que les acompañaron desde el origen de la Tierra, ustedes ya son aptos para crear un mundo nuevo, lleno de Luz y amor, proveyéndose de todo lo necesario para una vida feliz en este plano.

Con sus capacidades psíquicas y mentales, el ojo psíquico, el visor etéreo, pueden transformar este mundo en uno colmado de Luz y alegría, próspero y fértil, armonioso, equilibrado, unificado al Todo. Utilicen la visión etérea para transformar su mundo y su vida interior y material. Capacítense con la intención del amor, para crear una vida plena. Ya lo han hecho para conformar un nuevo paradigma, el que ustedes necesitan. Así atraerán una nueva corriente energética, una banda fotónica que les ayudará a teletransportarse, a usar la tecnología espiritual mediante la visión etérea y los sentiento de amor y de creatividad que cada uno posee dentro de sí. Esta nueva frecuencia de Luz les informa sobre sus conocimientos por los códigos que moran en su interior, los cuales ya se han revelado gracias a la Luz que habita en su cuerpo, a la disposición de cada uno para recibir esta nueva frecuencia que se asienta hoy en la Tierra.

Los campos magnéticos se han abierto; hay mucha Luz, una Luz intensa, manifestada en la visión etérea con símbolos sagrados, códigos, mantras, sonido, geometría sagrada. La escritura de sus células magnéticas está a flor de piel o a flor de aura. Con esta información se aprecia el campo etéreo. En nivel magnético, ustedes acelerarán el conocimiento y activarán sus dones, como lo han hecho desde el despertar de la Humanidad.

Los tiempos terrenos agilizan la materia en un crecimiento muy avanzado. Ustedes captarán información personal respecto a la apertura del conocimiento, se les darán instrucciones personales con el dictado automático. Con esta membresía, activarán su tarea en la Tierra como mentores de Luz, paz y creatividad. Como miembros de la Confederación Galáctica, organizarán reuniones. Se reunirán en grupos para trasladarse a dimensiones superiores, donde recibirán la instrucción y la manifestación de la Luz mediante el conocimiento de la nueva tecnología espiritual que ya usan.

Acaso se cuestionen: "¿Qué es la tecnología espiritual de la que hablan los ángeles?" La tecnología espiritual es el trabajo unificado de seres de Luz, como nosotros, sus ángeles, que nos manifestamos por medio de ustedes. Venimos a participar de este gran evento en la Tierra y a ayudarles a encontrar el verdadero camino de la ascensión planetaria. El ascenso es inminente. Ustedes, al rarificar sus cuerpos de Luz, son elevados a dimensiones superiores de conciencia, activan el conocimiento interior y manifiestan la tecnología espiritual por medio de las capacidades psíquicas. Podrán teletransportarse con la intención serena y clara de solicitud, de amor. Todo lo que pidan con amor y puedan expresar con la visión etérea, se producirá.

La tecnología espiritual es más sencilla de lo que piensan. Se trabaja con magnetos, con la electricidad que exhiben en sus cuerpos de Luz revelados por la energía taquiónica.[8] Al activar esta energía, que es el pensamiento, liberan campos magnéticos que se aceleran cada vez más por una intensa banda fotónica. Cuando solicitan el anclaje de esta Luz en la Tierra, logran que se transfieran sus dones celestiales, esto es, los dones de transmutación.

Para usar la tecnología espiritual basta pedir, poner la intención creativa de lo que necesitan. El siguiente es un ejemplo.

Si deseas solicitar algo material, visualízalo o piensa de qué manera lo quieres. Contempla la acción pensando en ello. Haz la solicitud, para que la banda fotónica donde está el dibujo de esta sea descendida a la Tierra. Pídele al Padre Celestial y sella la solicitud con la señal de la Cruz, que indica que la Luz desciende a la Tierra y que tú habitas en un plano horizontal. Por medio de este símbolo sagrado, la solicitud de transferencia que creas a partir de tu visión etérea, será bajada y/o anclada. Ya que lo hagas, participa en la tercera dimensión dejándote fluir, movilizándote ante lo que has pedido. Así, nosotros, tus ángeles, podamos accionar en este sentido por medio tuyo, movilizándonos juntos en convergencia armónica.

Con la tecnología espiritual avanzada que ustedes, que han activado sus dones ancestrales, ya han puesto en marcha, se están logrando grandes cambios, usando la imaginación, la transferencia y los dones de transmutación. La tecnología espiritual ya está en la Tierra. Por nuestra parte, les daremos más instrucciones en forma individual, porque cada uno trabaja con conocimientos específicos por los cuales vino a la Tierra, ya con una misión programada de antemano, con un anteproyecto que debe realizar a pie juntillas,

---

[8] La fuente de todo lo que se crea en esta dimensión.

porque es su propio designio, su deseo de venir a aplicarse en este sentido. Nuestra tarea, como guías ancestrales y Ángeles de la Guarda, es guiarlos y ayudarlos en este tránsito. Cumplimos ya la primera etapa: el despertar de la conciencia a la Luz. Trabajamos con el *Manual de energía cuántica*, el cual sirvió para que ustedes despierten a su propio conocimiento. En la segunda etapa, muchos se encuentran en proceso de agilizar sus dones, despertar y activar la tecnología espiritual. Ahora, como tercer paso, les brindaremos información personal.

Este nuevo manual les ayudará a recibir la información que cada uno requiere para desenvolverse en esta tercera dimensión y lograr el cambio que impulse a la Tierra a ascender, junto con ustedes, a un plano superior de conciencia. Pero eso ya está sucediendo. Lo que resta es darles un nuevo material que los guíe en sus ejercicios matinales y en el trabajo con la creatividad por medio de la mente, dejando que el Espíritu se pronuncie en la materia como elemental, activando los dones. Es decir, que se produzca el equilibrio del Espíritu en la materia para que lo no manifestado se manifieste por medio de ustedes y su creatividad. Amén.

Desplazamiento de la luz en el planeta

Una gran luminosidad envuelve al planeta y a los seres dispuestos. Con el comportamiento fidedigno de los hijos de la Luz, el Plan Mayor se lleva a cabo con gran eficiencia y tranquilidad.

Mediante la intención y la movilización de la Palabra, el Verbo Divino, que es la oración, sus solicitudes, visualizadas o activadas por el pensamiento, emergen hacia el espacio sideral y por su propio accionar, se fijan en la Tierra. Esta recobra su antigua energía. Su clima empieza a cambiar. Las ciudades, antes oscurecidas, surgen y las nieblas se disipan.

Los pensamientos de los seres humanos se hacen más positivos y la estratosfera se deshace de la involución; empieza a reinar la calma y a expandirse la tranquilidad y la paz.

Sin embargo, algunas zonas del planeta continúan ensombrecidas, aún en manos de la Hermandad Oscura. Les pedimos que, usando la visión etérea, sigan orando y pidiendo por ellas. Los focos oscuros se desintegrarán con su oración, visión y aptitud creativa.

Muy positivo resulta que muchos han podido resolver, en gran medida, los desafíos inherentes a la vida personal. Han encontrado la armonía, la estabilidad emocional, la paz interior y el suministro cósmico que les permiten obtener lo que necesitan sin dificultades. La mayoría de quienes trabajan con y para la Luz han logrado este efecto en vida, lo cual indica que la oscuridad planetaria se está levantando y muchos se beneficiarán con el crecimiento, el despertar de los dispuestos. En el espacio sideral hay alabanzas y agradecimiento porque ustedes vuelven al origen.

La mayoría de las predicciones catastróficas que se han manifestado a través de distintos canales se erradicaron gracias al amor de los hijos de la Luz que pueblan, honran y bendicen la Tierra con su hacer tridimensional. Amén.

Los temas de la psiquis humana tienen que ver con el desplazamiento de los seres de Luz.

Anunciamos una nueva fase depuratoria en el Planeta. Nosotros los vemos unificados. Por sus procesos kármicos hemos abierto los velos magnéticos que los cubrían. La mente humana se ha iluminado en este último tiempo. Han decodificado y regenerado las células de su cuerpo, se han autorrestaurado con la intención de crear un nuevo paradigma, lleno de Luz y de Amor en la Tierra vivenciando el amor infinito del Padre. Llevados por el sentimiento y el pensamiento creativo, anclaron la Luz en su cuerpo, lo cual indica que la psiquis humana se ha regenerado y remodelado.

Casi todos los seres que vivieron un proceso de apertura, que trabajan con los dones celestiales, anclan en su psiquis una banda fotónica dorada platinada. Las rutas neuronales se han desmantelado y sólo están irrigando los canales Ka, aquellos por los que fluye la Luz divina. Al regenerar su cuerpo físico y asentar el cuerpo de Luz que mora en su interior, retienen nuevos conocimientos. Esto es preponderante.

Al desbloquear las áreas estancadas del cerebro, activaron los dones y decodificaron; es decir, las células que giraban en sentido contrario a la Luz, el campo molecular distorsionado, se realinearon con ella. Las células despertaron, se iluminaron, reconectaron este cuerpo de Luz que había sido cortado, apagado, mutado, desprogramado.

La decodificación genética que transmitimos aquí y en la enseñanza impartida en forma personal, provocó en el ser humano un giro evolutivo de gran trascendencia. Al activar la Energía cuántica en los campos áuricos, usando el verbo creativo y la visión etérea creativa, se decodificaron, iluminaron y reordenaron las células, revelando un nuevo conocimiento.

Con su gran tarea, los humanos aligeran el peso de su cuerpo, reactivan su cerebro, se unifican con el Todo, con el ser crístico y traen una gran banda fotónica a su cuerpo físico.

El trabajo con la psiquis indica que los humanos se están capacitando con el conocimiento ancestral; tienen dones activos y leen la mente de sus pares; usan la telepatía, la claripercepción y la clariaudiencia, y tienen la facilidad de escucharnos, de recibir la enseñanza celestial. Por medio de la psiquis pueden usar los dones con los que manifiestan su gran creatividad y anclar una nueva frecuencia de Amor y Luz en el planeta. Estos sucesos se deben al pensamiento creativo, a los requerimientos y solicitudes individuales de paz, alegría, prosperidad y abundancia.

El conocimiento de la psiquis se logró con el hacer de ustedes, con la apertura del conocimiento de la tarea asignada en forma personal. Cada uno trabaja recibiendo la enseñanza directa de sus ángeles mediante la canalización y la revelación de un nuevo mundo de Luz y de creatividad; usando los dones para el bien común, y pidiendo por la paz de la Tierra, la redención de los seres humanos, la sanación del Planeta y lo que necesiten en la tridimensión. Los seres capacitados aplican sus dones, de ahí el gran despertar de la humanidad. Les hemos comunicado instrucciones fidedignas en nuestros talleres, los cuales abordaremos.

La psiquis humana es una fuente inspiradora, una fuente creadora de Luz, paz y armonía; un estado de conciencia que transitan los humanos en la Tierra. Realizó un gran giro evolutivo en este último tiempo. Percibimos las ondas vibratorias lanzadas por los seres de Luz en el planeta, y cada vez se emiten frecuencias más intensas mediante la energía taquiónica, del pensamiento unificado. Esto es, la gran mayoría de los seres de Luz que despertaron su conocimiento ancestral y su conciencia a la Luz emiten vibraciones de gran caudal energético lumínico potencializado, manifestado hacia el espacio sideral en ondas vibratorias de colores áuricos muy potencializados, como el rosa pálido (el amor divino), el dorado platinado (el color cuántico) y los colores trifásicos invisibles en la Tierra. La psiquis humana expande la Luz en el Planeta.

Los humanos decodificaron en buena medida sus células e iluminaron sus moléculas que transmiten sabiduría ancestral. Activaron la fuente creadora del pensamiento, la glándula pineal, que equilibra el espíritu en la materia. Lograron unificarse bastante al Todo y trabajan en la conjunción estelar. Con la gran apertura de los códigos señalados aclararemos estos términos y daremos instrucciones fidedignas en este sentido.

Una ciudad maravillosa, un nuevo paradigma

Estamos aquí reunidos para impartir enseñanzas a nuestros hijos amados en la Tierra e informarles de una gran tarea realizada por la familia de la Luz que se expresa con gran esmero y esfuerzo en el trabajo conjunto de los seres de Luz magníficos que viven en la zona austral del Cono Sur. Esta ciudad maravillosa que es Mendoza, aledaña al cordón montañoso de los Andes, alberga a seres benignos, de gran estirpe celestial que han asentado las bases en este lugar, se han congregado para unificarse en Luz, amor y virtud, esmerándose en las tareas de la Luz. Los miembros de este grupo altamente evolucionado transitan esta Tierra benéfica agradeciendo los frutos recibidos, honrando a la Madre Tierra con gratitud, amor y esmero por vivir en forma sencilla, tranquila, eficiente, dedicada al bien común, esmerándose en las tareas que le corresponden. Refulgen en Luz y en creatividad, usan sus dones y transitan la Tierra con ese amor benigno sembrando la virtud.

Vemos esta ciudad engalanada con la Luz de sus hijos, con el amor henchido en los centros cardiacos iluminando los sitios por donde caminan. La Luz Suprema acompaña a estos seres benévolos y maravillosos que han vuelto a la Tierra desde el origen. Con la venia del Padre, se ha desmontado un área muy catapultada por los velos magnéticos de la oscuridad. Se había hecho un gran trabajo para ocultar un foco de Luz de gran trascendencia, un Portal Dimensional de Luz; este, en el origen, sirvió para trabajar con las esferas siderales, proveyendo a sus hijos de todo lo necesario en la Tierra: paz, armonía, abundancia en todos los sentidos. Esta Tierra era una zona espléndida, con una naturaleza exuberante, pródiga en alimentos. La fauna silvestre acompañaba el quehacer terreno del hombre que caminaba por estas zonas con alegría y tranquilidad, usando los dones celestiales y el ojo avizor en forma creativa. Todo le era brindado en ese entonces, porque el hombre vivía en armonía plena con el Espíritu y unificado también con el espíritu de la Tierra.

En tiempos remotos una raza de seres superiores habitó esta zona y trabajó intensamente con la Luz, dejando vestigios sagrados. En el momento de la Gran Ascensión se revelarán estos misterios que fueron guardados, protegidos. Son elementos sagrados que decodifican la mente humana para trabajar en sintonía con las esferas superiores de conciencia, desde donde se activa el conocimiento interior, que el Ser Supremo puso en ustedes para activar la tecnología espiritual de gran avanzada que se usará en esta nueva Era de la Luz, en este Nuevo Amanecer Cósmico.

Los seres de Luz que habitan esta zona se preparan ahora con la guía divina y la nuestra, de los Ángeles de la Guarda, maestros ascendidos y guías ancestrales. Agradecemos a quienes se ofrecieron a trabajar en este gran plan de salvamento de la humanidad. Muchos, que son seres atlantes, lemurianos provenientes de las grandes civilizaciones antiguas, traen un gran conocimiento estelar y están motivados por una sola voluntad, la Voluntad del Padre Creador, para traer paz, alegría y bienestar a la Tierra, utilizando sus dones ancestrales y activando códigos genéticos.

Su tarea para despertar ha sido enorme, porque cuando vinieron a la Tierra tuvieron que penetrar grandes densidades para poder activar sus dones. Muchos sufrieron gran dolor y se vieron forzados a trascender pautas kármicas a costa de sacrificio, entereza y esfuerzo; proceso evolutivo elegido por cada uno para aprender, crecer y evolucionar. Estos seres magníficos que vinieron a la Tierra con gran sencillez, humildad y transparencia lograron ser ascendidos a planos superiores de conciencia en la tercera dimensión. Estos hijos de la Luz presentes ahora, son ustedes. Ustedes, que se reúnen en grupos, oran, trabajan con sus dones y ayudan a sus pares. Ustedes despertaron la conciencia a la Luz y destacaron por sus virtudes, su bondad innata personal y, en particular, por aprender el arte de vivir, por afrontar con éxito los desafíos de la materia. Han recorrido un camino arduo y difícil. Han tenido que equilibrar la materia y el espíritu, corregir yerros y trabajar intensamente para sanar. Y siguen haciéndolo.

Muchos de estos seres viven en Mendoza en plenitud. Esta ciudad sagrada emerge desde la niebla a un plano superior de conciencia. Es una ciudad bendecida por la Luz Divina, gracias a sus hijos que la honran. En el otoño vimos por las calles de su microcentro a muchos seres reunidos, convocados con la sola intención de participar de una maratón, una caminata por el centro de la ciudad, para crear Luz, llevar la alegría y la omnisciencia del Ser Supremo en cada uno. La convocatoria a esta gran caminata es una convocatoria celestial. Muchos no saben cómo se les guía. Muchos no han sido contactados verbalmente por nosotros, sus ángeles. Muchos de los seres de Mendoza, pródigos en Luz, trabajan con la intuición, los medios religiosos y los grupos filosóficos. Se manifiestan de forma indistinta: trabajan con alegría; practican yoga; hacen grandes excursiones a la montaña; disfrutan en el parque maravilloso de la ciudad; caminan alegremente por sus calles; llevan la buena intención de ser felices y de ayudar a los demás en forma innata.

Estos seres excelentes son ustedes. Por eso los convocamos. Por medio de Anita les informamos del tiempo de apertura de conciencia a la Luz. Por eso se manifestó el conocimiento ancestral en cada uno de ustedes. Con la enseñanza primigenia, les proporcionamos la información requerida para su tarea. Esta gran convocatoria se realiza en esta zona del planeta, como lo hemos hecho en otras zonas con otros canales que escriben libros y transcriben el mensaje celestial, como lo hace Anita, portavoz de las tribus arcangélicas. Ella es nuestro emisario de Luz en esta zona y, por su intermedio, comunicamos esta información para que el mundo entero la reciba. Sí, algo muy hermoso está sucediendo: este gran cambio que se genera en esta zona austral, en este punto focal de Luz en la Tierra.

Esta ciudad sagrada milenaria emerge hoy, converge hacia la Argentina y expande la Luz intensa hacia ella. Y desde la Argentina hacia todo el planeta, unificando la Luz universal, en conjunción estelar con estos seres que se capacitaron para trabajar en esta frecuencia lumínica, anclando en sus cuerpos la inserción fotónica y la vibración más alta que los seres humanos puedan recibir. Están tan felices con esta tarea que hacen sus ejercicios de límites sanos, usan sus dones creando con la visión etérea, beben el Agua Diamantina, se comunican con la Tierra, la honran, reciben los rayos solares con la intención de sanar, se movilizan unos con otros con alegría, se interconectan y gozan de la paz y la abundancia.

Tan grande tarea propicia que esta ciudad reverdezca y prospere.

Por la tarea de esta gran colonia atlante residente en Mendoza, ustedes, que vienen de otros puntos álgidos del planeta, están siendo convocados para residir en este lugar. Han descubierto una fuerza magnética increíble que estaba oscurecida, escondida, tapada. Se trata de este gran Portal Dimensional, este enorme cristal de cuarzo, el centinela espiritual, el Cerro Aconcagua. Una montaña alta de las cumbres andinas; el visor etéreo de la Tierra; el punto de Luz más intenso que puede tener. El equilibrio. La manifestación de Luz que se buscó por millones de años y que muchos conocen como la Ciudad de los Césares, la Ciudad de Oro, ha sido revelada. Esta ciudad de oro que emerge desde la niebla, alrededor del Portal Dimensional del Cerro Aconcagua (el cual contiene el conocimiento ancestral desde el origen de la Tierra y también les provee del suministro cósmico, en todos los sentidos), es Mendoza.

Les informaremos de qué manera ustedes, nuestros hijos en la Tierra, pueden trabajar recibiendo la gracia, recibiendo al Padre, con este Portal Dimensional que ha traído paz, equilibrio y alegría para sustentar una vida nueva. Este nuevo paradigma, este sistema nuevo, las bases de una nueva civilización, se asientan en este lugar para expandirse por toda la Tierra. Precursores del Nuevo Amanecer, los bendecimos con amor y Luz. Los hemos convocado en ocasiones importantes de conjunción estelar, cuando el Cosmos los invita a reunirse con los seres de Luz del espacio sideral que custodian el Portal. Ángeles de la Guarda, maestros ascendidos, plenipotenciarios de la Luz lo resguardan para que sus hijos amados reciban la enseñanza requerida por cada uno para su tarea en la Tierra. Todo lo que necesiten para descubrir los misterios akáshicos de los orígenes de la Tierra está en el Portal.

En este momento se lleva a cabo esta tarea. Es importante, entonces, acudir al Portal Dimensional en forma etérea haciendo una oración de invocación, pidiéndole al Padre Celestial unificarse con este cristal, pedir el permiso de entrar a este vórtice de Luz para recibir enseñanza y realinear la conciencia con la Luz, despertar los dones ancestrales, el conocimiento interior y la sabiduría que mora en los cristales akáshicos que ustedes, personalmente, tienen allí. Esos cristales le serán entregados a quien lo solicite para trabajar en forma amplia y fidedigna en las tareas de la Luz. Muchos han venido a recibir conocimiento, sanación, enseñanza, milagros con la energía cuántica, prosperidad, abundancia en todos los sentidos. Se les ha capacitado con las enseñanzas para transitar la Tierra con alegría, paz, amor y abundancia; erradicar el dolor, la miseria y el conflicto; crear belleza a su alrededor. De tal modo, cada uno, conformado con los cristales del conocimiento, podrá manifestarse en Luz e interconectarse con sus pares en la Tierra. Así se concretará el Plan Divino: desmantelar el miedo, el horror y el caos que vivía el planeta.

La tarea realizada ha sido espléndida y este manual busca proporcionarles herramientas fidedignas para acceder a la Gracia Divina por medio de este foco de Luz de gran iridiscencia que les servirá para unificarse con el Todo, con la fuente creadora, que es Dios Supremo. Sus Ángeles de la Guarda impartiremos enseñanza en forma personal a cada uno mediante el dictado automático, para invitarlos a venir al Portal. No sólo quienes viven en Mendoza han sido convocados, sino todos los hijos de la Luz.

Las convocatorias han generado mucha respuesta y ayudado a acelerar los tiempos finales. Esto indica que fue posible unificar la frecuencia vibratoria de cada uno de ustedes y las enseñanzas que han recibido, anclar nuevas frecuencias y así poder transitar la Tierra con Luz, ayudando a sus pares a despertar. Este despertar masivo ha acelerado los tiempos. Los tiempos finales son inminentes. La humanidad fija en el planeta una nueva frecuencia, un nuevo paradigma, el paradigma de la paz, el amor y la alegría. El sistema rígido, corrupto, lleno de caos, miedo y horror, finaliza. Como agradecimiento por este gran logro, en este libro impartimos nuevas enseñanzas, revelamos antiguos misterios akáshicos que los ayudarán a difundir por la Tierra la nueva tecnología espiritual.

Ejercicios lumínicos

 Acceso a la Luz

Con el apoyo de los cristales del conocimiento, accede a la Luz y manifiéstate en ella.

Con la luz, ponte en contacto con tus pares en la Tierra y sigue el Plan Divino que consiste en eliminar el miedo, el horror y el caos que se ha vivido en la Tierra.

capítulo 7

La gran apertura con los códigos señalados

La enseñanza siguiente es **decodificación genética** por medio de la verbalización y mantras sagrados, como los comunes en la cristiandad (por ejemplo, el Ave María, el Padre Nuestro) y muchas otras oraciones que son sagradas escrituras, fonemas que emanan espirales de Luz.

En las civilizaciones orientales, las oraciones están dibujadas, como las palabras orientales japonesas, en las que vemos configuración de líneas en los escritos.

También el lenguaje arameo se escribe con signos. Es decir, el Oriente tiene reminiscencias de pasados ancestrales más puros que en la época que hoy se vive en la Tierra. El lenguaje se ha depurado, razón por la cual muchos de ustedes reciben instrucciones personales para activar el conocimiento ancestral mediante la palabra escrita sánscrita.

El sánscrito es un idioma antiguo que se usó en el origen de la Tierra. Para nosotros, el sánscrito será el lenguaje universal que se usará en la Nueva Era, en la Nueva Civilización de Luz que hoy se ancla en el planeta. Por consiguiente, la verbalización de mantras sagrados es muy importante en este hacer tridimensional. Elevarán el sonido y el espíritu por medio de la palabra. Sonido y espíritu se manifestarán en Luz como una oración o un pensamiento cadenciosos que ondulan y emergen hacia el espacio sideral en forma de ondas vibratorias.

En este caso, el sonido se manifiesta en ondas expansivas, sutiles, que abarcan muchos campos magnéticos disolviendo áreas estancadas. Por eso nos manifestamos por medio de ustedes en Luz, con la palabra o el verbo creativo. Aquí les daremos algunas pautas para trabajar con los fonemas sagrados.

Las oraciones religiosas son muy importantes. Cada religión tiene su idioma sánscrito, con el cual se descifran los códigos de manera individual. Los códigos son aperturas de conciencia, sacan a relucir el conocimiento que está implícito en cada ser ancestral que mora en un cuerpo terreno.

Entonces, daremos una breve directriz en este sentido para compartir con ustedes algunos signos que han visto o revelado mediante nuestra tarea.

- *Alfa.* Muchos conocen la palabra Alfa y también el signo. Este simboliza el principio, algo que comienza; por eso está encerrado, digamos, en un círculo, y después se abre hacia los costados, como ampliándose.

- Aquí les compartimos métodos antiguos que se enseñaron en las escuelas místéricas. Queremos darles información fidedigna de forma sencilla. Visualicen el signo y la palabra Alfa en dorado. Esa palabra representa el principio, el inicio de una nueva etapa, de un nuevo tiempo. Es el comienzo de la vida nueva, la vida llena de amor, Luz y paz. Es el primer signo que tendrán en mente.

- *Infinito.* El signo que se usa a menudo para establecer equilibrio en la materia es el Infinito dorado platinado. Visualícense parados en el centro de la conjunción de líneas del Infinito.

- Visualicen también los símbolos sagrados ya mencionados: *señal de la Cruz, círculo, triángulo.* Cada figura significa una palabra.

- *Ka DeKa.* La palabra o el fonema sagrado para el despertar de la conciencia es la unión de dos palabras puestas en el Infinito: Ka DeKa. Esa forma visual y esa mantralización indican "Dios es Dios unificado y ustedes en el centro". Esto les ayudará a abrir la conciencia y a activar las células para que agilicen el conocimiento, que les servirá de guía en este plano terreno para activar los dones y hacer uso de los elementos y los símbolos sagrados.

Con el uso de estos símbolos sagrados podrán lograr el cambio que necesitan hoy en la Tierra, transfiriendo sus deseos a la materia con la invocación, la mantralización, la visualización y, por supuesto, la decodificación genética para activar los dones y ayudar en la sanación, en la apertura de conciencia a la Luz. Con la apertura de unos, muchos de quienes aún no han despertado lograrán este crecimiento, para lo cual ustedes están transitando el Planeta. Llevarán paz y amor por dondequiera que vayan. Serán sanadores espirituales y podrán ayudar a sanar y hacer milagros, revertir situaciones involutivas con sólo pedirlo. Usarán el don de la palabra para desmantelar áreas estancadas; activar las fuerzas magnéticas de la Naturaleza y controlar y distorsionar el tiempo; trabajar con la creatividad usando la energía terrenal para el bien de los hijos de la Luz; transitar sin dolor la Tierra emergiendo como lo que son: seres de gran estirpe celestial con sus dones activados. Con ello contribuirán a transformar este mundo material, donde el espíritu se manifestará como una herramienta importante para poder desarmar lo que no sirva; para accionar, con la palabra y los símbolos, el bienestar común; para crear, sin esfuerzo físico, lo que necesiten en la Tierra. Aunque parezca irreal e incluso paradójico que les brindemos estas herramientas para activar estos dones y accionar su divinidad en la Tierra, esto es absolutamente fidedigno.

Son ustedes seres muy capacitados para accionar con creatividad y usando sus dones. Muchos ya han trabajado en este sentido y se encuentran en un proceso de iniciación; por tanto, ponen en marcha el poder que reside en cada uno: el poder del amor universal, incondicional. Este amor les permitirá crecer, activar el don de la sabiduría interior y así transferir sus deseos a la materia.

En épocas muy remotas muchos seres trabajaron como lo hacen ustedes ahora, y lograron grandes avances científicos, pudiendo trascender la Materia. Ustedes pertenecieron a ese grupo de seres que ha venido siempre a restaurar el orden en la Tierra, y hoy les toca realizar la tarea que hicieron en otras rondas evolutivas milenarias. Por tanto, sólo les pedimos activar los códigos mediante la mantralización, el sonido, la entonación, la palabra. Podrán abrir puertas a un nuevo conocimiento.

❤ Liberar el sonido

> Ora y, al hacerlo, libera el sonido, el cual viaja a dimensiones superiores de conciencia. Al orar, considera que viajas con la Palabra y traes conocimiento, con el cual agilizas tus pasos en la Tierra para crear una vida agradable y feliz.
>
> Centra la Luz en tus campos magnéticos y en tus palabras, mantralizaciones, sonidos creativos; pronúncialos en forma cadenciosa, sutil, con una vibración de amor y transparencia, para que el amor fluya por medio del sonido y así puedas lograr milagros terrenos.
>
> Si oras y pides sanación para el planeta o para un ser en especial, esta se produce por el sonido, la Palabra que decodifica las células insanas que giran en el sentido involutivo. El sonido logra apertura.
>
> Con la oración, al decir las palabras sagradas serás capaz de sanar los cuerpos y traer la abundancia a la Tierra.

Por lo anterior, en la Antigüedad se usaban ciertas palabras o fonemas para atraer cosas. Cuando niños, seguramente leyeron cuentos y narraciones en los que se habla, por ejemplo, del "Abracadabra" y otras palabras mágicas. Todo ello tiene trascendencia. Aunque no lo sepan, las palabras mágicas existen; son llaves, aperturas de conocimiento, y ustedes están dotados para recibir sus propias palabras mágicas. Eso es la decodificación genética.

Cada ser recibirá información personal de acuerdo con su crecimiento. Cada ser traerá consigo sus propias palabras o mantras sagrados que aperturarán por medio de la intención, del verbo creativo, de las palabras sánscritas que les mencionaremos. Les daremos como primera directriz el Ka DeKa, así como las palabras Alfa, Ra, Om, Ptah, y Lura senta Luineim ("Luz en Ustedes").

Los gestores del advenimiento de la Luz

Vemos que la simbología sagrada se revela en cada uno de nuestros hijos amados, que iluminan cada lugar por el que se movilizan. La Luz y la Tierra se expanden y esta vuelve al origen. Apreciamos este gran logro de la humanidad por el esmero con que ustedes trabajan, condicionados por un aspecto único que es la voluntad divina. Dicha voluntad se manifiesta en el hacer tridimensional bajo los conceptos de pureza y transparencia, con los cuales se movilizan en este ahora y, específicamente, en este lugar sagrado y benéfico: Mendoza. Ustedes son los gestores del gran evento que es el advenimiento de la Luz al Planeta y del gran cambio que conlleva.

Explicamos en diferentes oportunidades la decodificación genética, que señala que los patrones negativos vuelven al origen: la Luz. Al observarlos percibimos que están creando una nueva heliografía o campo magnético en el centro de gravedad de la Tierra, la cual se ilumina por completo. Se produce una conjunción estelar, la Luz divina anclada en sus cuerpos se orienta hacia el centro de gravedad de la Madre Tierra y desde allí vuelve a reunirse o conjugarse con la energía vital de esta, la cual sube por sus cuerpos y es emanada al espacio sideral como un rayo cósmico de gran envergadura, que despeja las áreas estancadas. Es lo que llamamos conjunción estelar. Sin embargo, en este momento nos referiremos en particular a la decodificación genética, tema principal de este libro.

Las formas de pensamiento y condición humanos han involucionado a lo largo de millones de años, trabajando con patrones negativos; con la Luz divina apagada en su cuerpo; con pautas de limitación, miedo, caos y horror. En esta gran apertura, en la que una nueva frecuencia reside en la Tierra a través de ustedes, nuestros receptores físicos, se ha establecido una nueva vida, una nueva banda fotónica de gran intensidad donde predomina la Luz.

Muchos seres benéficos que arribaron a la Tierra a sostener la Luz y expandirla por doquier, llevan a cabo un gran trabajo de apertura de conciencia a la Luz, de decodificación genética; en consecuencia, la ayudan a dar el salto evolutivo que esperábamos desde tiempos inmemoriales. Esto está aconteciendo ahora y cada uno tiene las herramientas para abrir las llaves de conocimiento o los archivos de la conciencia.

Paso a paso los acompañamos en este hacer terreno. Ustedes, por su disposición y el despertar de sus células mediante la energía cuántica, han tenido acceso al conocimiento ancestral. Muchos ya están decodificando su programación original, que es la creatividad y el amor universal, la unificación con el Todo. La gran mayoría de quienes han despertado a este conocimiento, a su propia Luz, a la Fuente Creadora, usan las herramientas preliminares que les brindamos en nuestro *Manual de energía cuántica*. Estas herramientas muestran en detalle cómo un ser de Luz empieza a desarrollar el conocimiento y los dones ancestrales mediante la decodificación genética de la fuerza magnética superior, que es la intensa banda fotónica emanada del espacio sideral hacia ustedes, la energía cuántica, la Luz dorada manifestada en sus campos magnéticos. Esto hace que las células vuelvan al origen y empiecen a desprogramarse de la negación, es decir, decodificarse. Las células comienzan a girar en el orden divino; por tanto, cada uno activa su propio conocimiento interior y los dones ancestrales, por los cuales han sido investidos desde el origen por el Padre Creador.

La decodificación genética es el proceso de evolución y desprogramación de patrones negativos sustituyéndolos por patrones positivos (creatividad, amor por sobre todas las cosas, unificación con el Todo, la Gran Fuerza Suprema, la fuente de amor y Luz).

Nos unimos a ustedes para realizar este gran proceso de evolución en la Tierra, donde la gran mayoría ha estado dispuesto. Seres de Luz del planeta que han vuelto desde la Antigüedad a apoyar en este gran movimiento, en esta gran fuerza de Luz, el vórtice magnífico que gira de izquierda a derecha que cada uno sostiene en su cuerpo. A medida que se interconectan, se produce un despertar en masa; lo que llamamos una heliografía de Luz, expandida por todo el planeta hacia el Universo. Es el gran despertar de la humanidad, y aquí estamos, dándoles nuevas enseñanzas.

Todos ustedes poseen en su interior un conocimiento escrito, un conocimiento estelar, ubicado en cada átomo, en cada célula, en cada molécula de su cuerpo.

A medida que la energía cuántica las regenera, las células iluminan, activan el cuerpo de Luz, la divinidad, el ser crístico o el Doble Divino Ka, que es la impronta celular, el cuerpo de Luz. En este último se encuentra toda la información genética del Universo, el conocimiento universal con el cual los seres humanos fueron dotados en el origen. Y ningún ser humano sabe más que otro; la información está dentro de sí; esto es, la Verdad Absoluta mora en su ser interior, en su Divino Ka. En consecuencia, atendiendo a las palabras del maestro ascendido Jesucristo y los grandes maestros lumínicos que han venido a la Tierra, el conocimiento debe buscarse dentro de uno mismo. Jesús dice: "Conócete a ti mismo, allí está la Verdad. Sé virtuoso". La virtud indica trabajar con el Amor Divino, con este Amor de entrega absoluta al Bien Supremo, ejecutando la tarea con transparencia, creatividad, amor y, más que nada, con castidad del alma. Cuando trabajamos desde la castidad del alma actuamos en forma incondicional y este estado de conciencia es el que impera hoy en el planeta.

Queremos darles esta buena noticia. Al trabajar en convergencia armónica con ustedes, apreciamos este gran cambio. Asimismo, vemos que la heliografía compartida de todos los seres de Luz del Planeta se manifiesta en Luz dorada platinada (la Energía cuántica en conjunción con la alquimia), azul platino (el nuevo conocimiento y la sanación, la apertura al conocimiento, la decodificación genética) y, por supuesto, en la alquimia que es el color plata (el amor divino, el amor incondicional).

La Tierra se engalana con estos colores debido a la heliografía compartida. Ustedes emanan estos colores áuricos transparentes e iridiscentes de gran fuerza magnética que se expanden por el planeta entero. Sabemos que casi todos los seres de Luz del planeta han activado sus dones, porque la energía cuántica prepondera como el dorado iridiscente. La decodificación genética avanza día a día y ustedes revelan el conocimiento ancestral y los dones de sanación, transmutación, clarividencia, claripercepción plena y clariaudiencia. Los dones en sí expresan su origen celestial, por el cual han bregado durante millones de años, para volver a capacitarse en este sentido y desintegrar a través de ellos las bandas de los velos magnéticos que entorpecían la Luz en el planeta, las bandas subliminales de bajo astral, que se han disuelto en gran medida y la Tierra se llena de Luz, gozo y paz.

Les transmitimos estas buenas noticias, como en nuestro primer manual les comunicamos cómo podíamos trabajar juntos en convergencia armónica, ángeles aunados con ustedes, seres de gran luminosidad. Unificados en la materia, para transitar la tercera dimensión usando los dones, activando el conocimiento interior mediante lo que hoy llamamos decodificación genética.

El Plan se lleva a cabo con gran eficiencia por medio de los receptores físicos, vehículos humanos, seres o entidades celestiales que transitan ahora la Tierra. Ustedes, investidos con un cuerpo material, llevan una programación divina para manifestarse en Luz y amor, como siempre lo han hecho. Esto se realiza hoy, se concreta la apertura de conocimiento a la Luz. Se han manifestado en plenitud con el amor infinito del Padre, trascendieron la involución, se encuentran ya en una dimensión superior de conciencia desde la cual desmantelaron áreas, emergieron de la niebla y ascendieron a planos superiores de conciencia junto a los seres que los acompañan y a los que ustedes presentan solicitudes. Basta pedir la redención de cada ser humano para que esta se produzca. La suya es una gran tarea y nosotros los acompañamos.

Con este *Manual de ejercicios lumínicos* los apoyaremos en lo que necesiten para el despertar del conocimiento ancestral y del nuevo conocimiento. El objetivo es activar el conocimiento ancestral para infundir una nueva tecnología espiritual en la Tierra. Esa tecnología se manifestará por medio de ustedes, los seres crísticos que han anclado en el Planeta para aperturar los dones y trabajar en la materia, produciendo milagros, ayudando a la humanidad, como lo hizo y lo testimonió nuestro maestro y guía, el maestro ascendido Jesucristo, quien imparte estas enseñanzas para que reciban el conocimiento ancestral. Muchos seres de Luz han venido a la Tierra para asistirles. Este es el gran momento. La historia de la humanidad dice que en cada ser mora el conocimiento. Ustedes están descubriendo símbolos, mantras, geometría sagrada, fonemas, numerología, sonido.

Una buena parte del planeta ha sido sanada. Ustedes, seres altamente evolucionados, son capaces de revelar los misterios akáshicos, y así lo haremos paso a paso mediante este libro. Les impartiremos la enseñanza necesaria a través del dictado automático. Ya lo comentamos en nuestras charlas y reuniones, pero, para los que no han tenido acceso a este tipo información, les daremos un compendio de lo que ya anticipamos con el aprendizaje mutuo. Sólo les diremos esto: la gran escalada comenzó. La ascensión planetaria se produce en este momento y de eso queremos hablarles en el siguiente capítulo.

Amén.

Ejercicios lumínicos

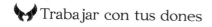 Trabajar con tus dones

Trabaja intensamente con tus dones y, con base en los conocimientos que te transmitimos, contribuye a revelar los misterios akáshicos. Emprende los pasos que trazamos en este libro.

Ya unificado con los seres de Luz como tú, asegúrate de practicar el dictado automático en forma personal. Este te proporcionará la enseñanza fidedigna.

capítulo 8
La inserción fotónica

Inserción fotónica mediante las bandas que contienen el conocimiento ancestral

Nos hemos reunido muchos seres de Luz de todo el planeta para asistirlos en este gran evento cósmico en la Tierra, por el cual se asciende a un plano superior de conciencia. Durante millones y millones de años, el planeta se ha preparado para ascender, trascender y erradicar el dolor, el conflicto, la miseria de la humanidad y del planeta. Este gran evento se realiza en este momento, en este preciso instante.

Muchos seres de Luz han trabajado intensamente con los campos de Luz, emanándola con intensidad, decodificando y difuminando el horror del planeta, gracias a la virtud, la transparencia, la disposición de cada uno en el quehacer terreno. Han trabajado en forma cristalina, con pureza espiritual y esmero en la tarea asignada a cada uno: transitar la Tierra llevando la Luz, la paz y la alegría; borrando el horror; usando herramientas como la creatividad, la visión etérea y los dones que activan la clarividencia. La clarividencia es el don de activar la energía taquiónica, la energía del pensamiento. Han tenido pensamientos creativos para salir y emerger de la niebla.

Este plan de salvamento ha dado muy buenos resultados.

Se manifiesta por medio de ustedes mismos. Por consiguiente, la ascensión planetaria se produce gracias al despertar de la humanidad, a la decodificación genética, a la banda fotónica que cada uno porta por medio de su propio campo magnético. ¿De qué manera? Enraizando la banda fotónica en la tercera dimensión a través de su cuerpo físico. ¿Cómo? Al aliviar, aligerar el peso, rarificar las moléculas. Las moléculas densas giran en el orden divino y el cuerpo se rarifica. Los cuerpos materiales se tornan cada vez más sutiles, lo que señala que se asciende a planos superiores de conciencia, saliendo de la niebla, del espesor en donde no se ve la Luz, en donde hay dolor, caos y violencia.

Muchos han recorrido, como dice Anita, un jardín, y al encontrar un rosal de alguna forma quedaron enganchados en sus ramas. Instintivamente, quien ha tenido una apertura de conciencia a la Luz y la conoce, se retira del dolor provocado por esa espina que lacera el cuerpo, se retira del lugar y sigue transitando el jardín, alejado de ese dolor. Los seres que aún viven en la niebla y no han podido despertar sienten ese pinchazo cuando uno se enreda en un rosal y se clava una espina en alguna parte del cuerpo. Quienes no han despertado a la Luz se tiran sobre el rosal y se revuelcan para lastimarse. Eso es, en términos gráficos, lo que sucede en tercera dimensión.

Muchos de ustedes que han salido y trascendido, continúan caminando por un jardín celestial, creando la paz interior, la Luz, la tranquilidad, la prosperidad y la abundancia de dones. En él se manifiesta el amor virtuoso mediante el fonema, la palabra, la cadencia del espíritu manifestada en el Verbo, hablando de forma correcta, con amor, sensibilidad y entrega al bien supremo; se erradican los gritos, no hay discrepancias; las cosas se manifiestan con amor y en armonía.

Casi todos tienen acceso a los dones de alquimia, al color platino que indica que quien sostiene esta frecuencia se deshace del horror con la sola presencia lumínica y ayuda al entorno por dondequiera que vaya. Los elementos que pusimos en sus manos son sagrados y bellos (como la energía cuántica que es un regalo celestial transferido a la materia por medio de una banda fotónica en su campo magnético en color dorado), gracias a su disposición para sostenerla con la visión etérea –en síntesis el mantenimiento de aura–, para envolverse cada uno en una banda lumínica de color dorado y forma ovoide que pasa por debajo de la Tierra. Este campo magnético, el aura, mide 30, 60, 90 centímetros de espesor y los contiene. Esta contención es dorada. Cuando ustedes contemplan el dorado y lo visualizan y manifiestan a través del campo magnético, nosotros los rodeamos y sustentamos con la energía cuántica. Hablamos de la fotónica, que se produce cuando los Ángeles de la Guarda activamos la Luz como respuesta a su solicitud, intención y visión etérea. Esto indica también la energía taquiónica del pensamiento.

Trabajando de esta forma, se desmantela el horror de la Tierra y todos perciben una vida nueva, la que ustedes gestan. Debido a esta gran luminosidad, ascienden a planos superiores de conciencia.

También les hemos brindado un elemento sagrado y de origen celestial que es el Agua Diamantina o agua bendita. Es indispensable usarla, en todos los sentidos, pues la atmósfera terrestre está muy contaminada.

Verbalizar el Agua Diamantina

Con esta verbalización accionarás estos códigos y los activarás a través del fonema. Con una intención clara, pide dos deseos por ingesta. Recuerda que el agua es pura, es virgen y responde al fonema, a la palabra. En cada ingesta pide dos deseos expresados así: "Deseo que a través de esta agua sagrada y benéfica mi cuerpo reciba... (un deseo, dos deseos)". Los deseos deben estar relacionados. Si pides sanación, serán dos solicitudes de sanación; si pides prosperidad, serán dos solicitudes de prosperidad. No podrás intercalar una solicitud de sanación con una de prosperidad, por ejemplo.

Siguiendo las instrucciones de tus ángeles, emplea este elemento descontaminante y purificador recordando sus palabras: "El Agua que te daremos es de origen celestial. Conduce al Estado Alfa en la Tierra, que significa volver al origen. Hay seres capacitados para distribuirla. Sólo debes poner la intención del amor

en ella. Esta agua, que proviene de la fuente creadora, es sanadora y regeneradora. Aportará bienestar en la Tierra.

Antes de beberla, incluye oraciones como esta: "Soy Luz y amor.
Deseo que esta agua sagrada y benéfica sirva a mi Plan Divino
en la Tierra". En seguida, expresa tus deseos.

Deseo 1:

Deseo 2:

Haz la señal de la Cruz y utiliza esta agua potenciada con la Luz
suprema que ayudará a que la humanidad restablezca el orden divino en la Tierra. Derrámala en lugares donde corra agua: acequias,
ríos, mares, arroyos, para así trabajar en la sanación del planeta.
Al derramarla en estos sitios, los seres de Luz (tú incluido) que los
habitan serán sanados. Sanará su pensamiento y su cuerpo, en el
cual portan la genética de la Luz, despiertan a la propia divinidad,
estableciendo un vínculo de amor y Luz en la Tierra.

Un regalo celestial

Un magnífico regalo celestial que puedes aprovechar para ungir tu cuerpo, protegerte, desarmar áreas estancadas y sanar
tu cuerpo físico es el sándalo dulce. Ya sabemos que la Luz es
aroma y sonido. El sándalo es de color ámbar y tiene que ver con
la energía cuántica. Es un aceite sanador usado por ustedes en
la Antigüedad, con el cual se ungían los antiguos maestros.

Añade al Agua Diamantina unas gotas de sándalo dulce para
bendecir tu lugar físico, tu casa y todo lo que hay alrededor.
Bendice también la Tierra con el Agua Diamantina. Recibirás
instrucciones en este sentido.

La naturaleza del ser humano

La naturaleza humana es de origen celestial y se creó a través de la Luz. La fuente primigenia es Luz. El ser humano es Luz. El cuerpo humano se diseñó con esmero y sus patrones responden a una genética de orden divino. Esto significa que fueron creados a imagen y semejanza divina. El transitar la Tierra en este momento indica un camino, una tarea, un viaje de retorno por parte de ustedes. Se les permitió venir por propia voluntad a trabajar en este Plan para volver a la fuente creadora, la Luz. A lo que aquí llamamos redención. Redimirse, sanarse, volver los patrones de existencia hacia el verdadero sentido de la vida, que es crecer en la virtud, en el amor, en la creatividad, devolviendo al ser humano su origen ancestral.

Este último paso que vivimos hoy ha producido un gran despegue. Muchos liberaron pesos, es decir, pensamientos negativos, frecuencias de bajo astral, velos magnéticos que les impedían ver más allá. Atrapados en sus limitaciones, veían un mundo violento sin espacio para crecer, lleno de desesperanza. Han hecho el giro evolutivo, han girado hacia su origen: la Luz, la creatividad, el amor. Sabemos que sólo el Amor crea y que todo lo que se hace sin amor se destruye. Las enseñanzas preliminares transmitidas se les dieron para mostrarles cómo deben trabajar en la tercera dimensión para crear un mundo nuevo, lleno de Luz y amor, como el que se gesta en la actualidad, gracias a su disposición. Transitamos la vida junto a ustedes; casi todos han escuchado nuestro llamado y se movilizan con creatividad y amor, erradicando las nieblas o las áreas estancadas, como las llamamos.

Por tanto, el ser humano es Luz, su origen es Luz. En el origen fue creado para crear, por lo que este viaje evolutivo les ha servido para transitar y reconocerse a sí mismos como entidades celestiales. Y esta llegada a la Tierra les ayuda a sustituir sus patrones negativos por los originales. Esto se está produciendo ahora. Se requirió mucho tiempo, eones, para poder materializar lo que ocurre. La inserción fotónica indica que cada ser dispuesto despierta a su propia Luz, trabaja con sus dones, se alimenta en forma sana, hace ejercicio, estira su columna, adquiere alegría, se sintoniza, despierta a un nuevo conocimiento, y deja atrás el padecimiento, el horror y la miseria. Eso es lo que llamamos inserción fotónica. Al preparar el cuerpo, pueden activar la Luz en él y así transitar la Tierra llevando el despertar a la humanidad.

La convergencia armónica será el medio por el que nos manifestaremos ante ustedes y en este nuevo estado de conciencia descubrirán un nuevo conocimiento que solucionará sus problemas. La glándula pineal, el timo y el hipotálamo, que se han activado, segregan moléculas y se desatascan. Este despertar que se produce en masa en la Tierra hará que muchos de ustedes usen la creatividad mediante la visión etérea y materialicen sus deseos en ella. Verán pasado y futuro. Sabrán de dónde vienen y por qué; qué hacen y cuál es su cometido; qué tienen que trascender, y de qué manera lograrán unificarse con el Todo, como una heliografía compartida, universal.

La inserción fotónica, que es la gran Luz que cada uno muestra en su campo magnético con la decodificación genética y sus dones, ancla cada día más banda fotónica, aligera y despierta las glándulas mencionadas. Les daremos instrucciones personales con dictado automático a través de Anita, nuestro canal.

En el Cosmos empezamos la era del día por la cual se vuelve al origen y todos volvemos a insertar la Luz, volvemos al Padre, volvemos a la fuente creadora para activar los dones y la conciencia plena.

No se asombren por ver más allá de lo acostumbrado. Trabajarán con la psiquis, como lo hicieron en el origen, creando con el pensamiento todo lo que deseen en la Tierra, para generar una convivencia armoniosa y feliz con sus pares. Al activar los códigos, estarán forjando un nuevo sistema vital en el que contarán con la tecnología espiritual más avanzada. Nosotros los apoyaremos para revelar los misterios de las antiguas civilizaciones y los mensajes que se han dejado a lo largo del territorio. Cada monumento de piedra, cada símbolo, cada enigma, cada petroglifo, será descubierto por medio de la decodificación genética. Estamos aquí para asistirlos. Para ello, pongan en práctica sus dones, vuelvan al pasado y estimulen el conocimiento. Nosotros les orientaremos.

En las montañas, en las altas cumbres de la Cordillera de los Andes, se encuentra un buen número de avanzados aparatos tecnológicos, los cuales serán atraídos hacia ustedes en forma etérea. Podrán verlos y usarlos para ayudar a que la humanidad sea evacuada y trasladada a una nueva dimensión. Harán uso de sus dones para emerger como lo que siempre han sido: Luz y amor. Los asistiremos en esta inmensa tarea.

Tomen en cuenta que los misterios akáshicos y el conocimiento de ustedes en el orden ancestral les son accesibles. Actívenlos con la oración, la disposición, la apertura de dones, la enseñanza individual. Todo inició con su decodificación y su postura de servicio para ayudar al planeta y al sistema planetario. Ahora pueden recibir la enseñanza requerida para trabajar con esta tecnología, hacer viajes interdimensionales, trasladarse al pasado y al futuro. Tendrán las herramientas de apertura de conciencia a la Luz para manifestarse como lo que son: seres íntegros, de gran potencial lumínico, de origen celestial sagrado, que han venido a ayudar.

Conjunción estelar y el caos reinante en el planeta

Los habitantes del planeta Tierra son despertados al unísono para transformar la historia de este en algo benigno, útil al universo entero.

Ustedes transmiten intensas fuerzas lumínicas para disipar el horror, el caos y el miedo que hoy reinan. Atisbamos un foco de Luz en los dispuestos para esta tarea. Estamos aquí para vivenciar un tiempo nuevo, el del nuevo amanecer.

La conjunción estelar es la unión de seres de Luz habitantes del espacio sideral en la materia con los humanos, que son seres de Luz que portan un cuerpo terreno. En este caso, los seres dispuestos a trabajar con la Luz han logrado despertar su conciencia a ella e insertar en su cuerpo material una nueva frecuencia de Luz y amor, manifestándose como tales. Estos seres que desde el origen han vuelto al planeta para ayudar en la concreción del Plan Divino, están agilizando sus dones para realizar esta gran tarea de unificación, integración y unidad. Todos girarán en el mismo sentido y emitirán sólo una nota musical, la octava superior.

Como saben, la Luz en sí es aroma y sonido, es decir, emite un aroma y emite un sonido. La frecuencia de bajo astral emite ruido y pestilencia, en contraposición de lo que es la Luz. Pero la tarea que nos compete ahora en la tercera dimensión es que el planeta y sus habitantes vuelvan al origen. El origen estelar de la Tierra es bienaventurado. La Tierra es un planeta sagrado, en el que fluyen la paz, la armonía, la Luz y la alegría. Sus habitantes trabajan sin esfuerzo físico, con amplitud mental usada para el Bien Supremo; crean y consiguen convertirse en seres livianos, ágiles, divertidos, unificados, sin discriminación de razas y credos. Sólo unidos entre sí. Nosotros estamos aquí para encaminarlos en esa tarea.

En breve, la conjunción estelar es el inicio de una nueva etapa en la Tierra, en la cual todo se manifiesta a través del espíritu asentado en la materia. Hay varias formas de conjunción estelar.

El trabajo angélico con los seres humanos se llama convergencia armónica, que es la unión de entidades celestiales con las terrenas. La conjunción estelar es la unificación del Espíritu del Ser Supremo en cada uno de ustedes. Muchos lograron una gran apertura de conciencia y vemos que los errores cometidos son liberados, decodificados, ensanchando su mente y su corazón. El amor unifica la Tierra. Los velos magnéticos han cedido, dando paso a la Luz brillante dorada platinada que hoy baña el planeta. Quedan lugares en los que aún se presentan densidades y estamos trabajando intensamente por medio de ustedes para desbloquearlos. Les daremos directrices fidedignas en este sentido.

El proyecto conjunto es colosal: unificarnos a la verdad suprema. Estamos aquí para enseñarles cómo activar los códigos genéticos mediante la energía cuántica y la creatividad, que es la energía taquiónica, la energía del pensamiento, y también mediante la acción terrena, que implica movilizar la materia y el cuerpo físico para que esto suceda.

La conjunción estelar se diferencia de la convergencia armónica. La primera es la unificación total del Espíritu con la materia en cada uno de ustedes, y que se transforma en el Todo. Por su parte, la segunda es la unión de entidades celestiales y terrenas para trabajar en el Plan Divino.

Por la gran apertura de Luz en la Tierra, se establece en ella una nueva frecuencia muy intensa: la Gracia Divina. Se trata del don de la transmutación y la alquimia generadas por un destello luminoso de color plata intenso, que los cuerpos terrenos fijan en su interior para transitar la Tierra, ayudando en el despertar de la humanidad. En cada lugar terreno en el que se encuentren estos seres platinados, se dedicarán a la desmantelación. Es decir, la frecuencia de estos seres es tan alta, que aquellos a su alrededor recibirán esa frecuencia intensa y sus células se activarán en el sentido de la Luz; esto originará el movimiento giratorio de izquierda a derecha, restablecerá el orden divino, restaurará células y transformará la involución prevaleciente. Por tanto, estos seres capacitados –ustedes mismos– deberán trabajar en forma consciente en este sentido, impartir órdenes a su cuerpo, solicitar la asistencia divina y activar el don de la palabra, esto es, transmitir la Palabra o Verbo Divino que se expresa por medio del corazón, del sentimiento. Muchos han podido trabajar con nosotros y nos escuchan en forma personal. A los que aún no lo han hecho, les diremos que es muy sencillo y presentamos las siguientes recomendaciones.

Sigue las recomendaciones de tus ángeles

- Transmite la Palabra Luminosa en colores dorados iridiscentes y platino. La palabra tiene cadencia y emite un sonido celestial.

- Procura que tus gestos personales sean los de una entidad celestial que se manifiesta con calma, tranquilidad y entrega absoluta al Bien Supremo; tolerante; con discernimiento, claridad mental, alegría y paz interior.

- Busca el estado de calma y el equilibrio personal; esto es fundamental dada la intensidad de este aprendizaje en la Tierra, la generación de tanta Luz y el giro desordenado de muchas frecuencias.

- Aprovecha el tiempo terreno para tu proceso evolutivo.

- Permítete un momento de solaz en la Tierra para escucharte y prestar atención a las señales que el cuerpo físico emite para sanarse.

- Observa, detente y fluye. Estos tres pasos significan adquirir calma y seguir trabajando en conjunción estelar, unificados al Todo en el pensamiento, en la palabra, en las obras. Quien logra esta conjunción estelar alcanzará el ascenso planetario.

- Úngete con el éter divino, sostén siempre la frecuencia del amor en todos los sentidos, aperturando el Verbo Divino, la claridad mental.

- Realiza los ejercicios físicos para atraer Luz al cuerpo físico, para que el Ser Supremo encarne o se active porque ya existe en cada uno de ustedes.

- Aplica las reglas del conocimiento ancestral que afirman: "Todo se transforma, nada se pierde". Busca reunir las moléculas que están dispersas y que no han logrado la unificación.

- Promueve la unidad entre todos ustedes y entre los seres humanos y nosotros, seres estelares que estamos aquí para asistirlos. Este gran evento cósmico toca a su fin. Unificados, lograremos dar el salto cuántico, el salto evolutivo que la Tierra espera y por el cual ha transitado tantos millones de años para lograr esta apertura de conciencia que hoy se establece en ella.

- Abre tu corazón; obra con prudencia y discernimiento.

- Ora al amanecer.

- Establece un vínculo de amor y Luz con las esferas siderales, pide nuestra asistencia. Ora al Padre pidiendo permiso para recibirla.

- Siéntate a escribir para comunicarnos de forma telepática con la escritura. Exprésate y nosotros contestaremos mediante la escritura. Este es el dictado automático, por el cual te daremos ejercicios para crecer, para evolucionar, con mayor rapidez; afirmaciones; códigos o llaves de apertura de conciencia a la Luz; símbolos sagrados que ya utilizas con la visión etérea.

- Usa elementos sagrados en tu cuerpo, los elementos religiosos afines a su historia ancestral, que te son revelados a través del dictado automático. Muchos de ustedes ya portan signos: cruces, bastones de mando, estrellas solares, la estrella de David, entre otros. Cada uno sabe ya cuál es el elemento sagrado que tiene que llevar. También se relacionan con ver los materiales crísticos que son los cristales. Cada uno recibirá información personal en este sentido y de ello hablamos con mayor detalle en el siguiente capítulo.

Hacia la conjunción estelar

La conjunción estelar implica trabajar unificados en este conocimiento en esta Nueva Era, en este Nuevo Amanecer. Ya se utilizan los códigos genéticos, que son símbolos sagrados que permitirán recordar, por la visión etérea, por la inteligencia divina, la manifestación divina en cada uno de ustedes. La espiral dorada platinada indica la frecuencia de la Luz, el sonido y el aroma, la energía cuántica (el don de regenerar lo que no se condice con el Bien Supremo para transformarlo en Luz) y la alquimia (el don manifestado a través del cuerpo magnético, para alcanzar vibratoriamente todo lo que hay alrededor y se manifiesta en Luz). La alquimia es la herramienta para la decodificación por los dones de la virtud, la calma divina, el anclaje de la Luz mediante la intención y la Creatividad.

Cada ser preparado para este salto cuántico ya está activando la Luz en la Tierra. Los ejercicios de este manual les permitirán alcanzar la plenitud en su vida porque en cada palabra, en cada frase, encontrarán respuestas a sus requerimientos, a sus inquietudes. Estamos aquí para ayudarles en este proceso evolutivo. Cada uno ha seguido los pasos de la Familia de la Luz que vino a la Tierra a crear una nueva historia en ella, a traer el conocimiento ancestral, lo que llamamos apertura de códigos genéticos.

El caos reinante en la Tierra tiene como contrapartida una gran luminosidad e intensidad de frecuencia magnética. Lo opuesto a la oscuridad es la Luz. Lo opuesto a la manifestación de las sombras es la Luz. La luz emerge de un punto denso. Es importante aclararlo, la Luz nace de un espacio nebuloso y desde allí ilumina. La Fuente Creadora es Luz, Luz intensa. Con este concepto básico trabajaremos. La Luz se manifiesta según la densidad.

Nosotros, sus ángeles, nos hemos comunicado con ustedes usando el dictado automático. Activamos más Luz en cada uno insertando bandas fotónicas de gran alcance; anclamos una nueva frecuencia en cada ser dispuesto abriendo el conocimiento ancestral, decodificando las áreas estancadas del cuerpo, iluminándolas con el color dorado platinado que es la Energía cuántica en conjunción con la Alquimia, un color de Cuarta y Quinta Dimensión. Estos colores que sostienen hoy en su campo magnético implican un gran crecimiento evolutivo en cada ser que se manifestó con la inquietud de crecer y expresar el amor hacia sí mismo y hacia sus semejantes.

Estos seres de gran valía han trabajado intensamente con las herramientas sagradas:

- Con el pensamiento creativo crearon nuevos paradigmas de existencia con la sanación, el amor, la paz, la alegría y la tranquilidad.

- Resolvieron sus desafíos con elegancia y pulcritud, desmantelando las áreas estancadas de su cuerpo, orando, pidiendo en forma permanente por su sanación y su elevación espiritual, solicitando la misericordia divina para revertir la situación de tercera dimensión en la que se encontraban, tal vez inmersos en el dolor, la miseria y el conflicto.

- Despejaron las áreas estancadas de su cuerpo usando la energía cuántica, el Agua Diamantina, el sándalo dulce y solicitudes con una intención clara y concisa.

- Se sanaron a sí mismos con dietas macrobióticas, elevando la espiritualidad con el pensamiento creativo. Por ejemplo, en situaciones de conflicto crearon armonía recurriendo a la intención etérea y solicitando asistencia a sus ángeles, maestros y guías. Así, la miseria fue transmutada en abundancia y prosperidad; el dolor, en alegría; la enfermedad, en sanación, y la soledad, en compañía.

- Forjaron nuevos paradigmas en su vida y se liberaron de lo atorado que los tironeaba y afectaba en la tercera dimensión. De este modo deshicieron nudos kármicos, situaciones desafiantes, resultados de los procesos kármicos programados con anterioridad para ser resueltos en este gran viaje evolutivo, que es el transitar la Tercera Dimensión.

- Revirtieron esta situación anclando nuevas frecuencias en el campo magnético y, por ende, en el cuerpo físico. Con ello generaron salud y bienestar. Insertaron bandas fotónicas de gran intensidad para poder sanarse usando elementos como la buena intención y la solicitud de sanación; la regeneración de las células, pidiendo que giren de izquierda a derecha; la evaluación de sus propias acciones; la erradicación de las quejas, el malhumor y el comportamiento resentido que solían adoptar. Se transformaron en seres agradables, creadores, llenos de virtud y con una energía nueva (la que portan en este momento es una energía propulsora).

- Asentaron las bandas fotónicas intensas, al sanar las células; estirar el cuerpo, la columna principalmente; tener buen humor, reír, cantar, bailar; sacar al niño interior que cada uno tiene dentro de sí, invitarlo a reír, a trepar árboles, a rodar por la hierba, a tomar agua del río, a sentarse sobre la arena o el pasto húmedo, a descalzarse, a atrapar una mariposa.

Todo esto les ha brindado el despertar de sus sentimientos, de sus conocimientos ancestrales, a través de esta Luz magnífica que fijan por su propia visión etérea. Es importante energizar el cuerpo alimentándose de forma sencilla y sana y el ánimo de sanar. Es por eso que tocamos lo que implica la inserción fotónica.

En este manual les presentamos información ligera para que ustedes puedan acceder al conocimiento y profundicen más sobre el tema.

Nos uniremos al Todo y nos unificaremos con la Luz primigenia. Los amamos infinitamente. Somos ángeles custodios. Amén.

Ejercicios lumínicos

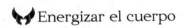Energizar el cuerpo

Energiza tu cuerpo con la alimentación sana, la distensión y la ingesta solar.

Llena tu interior de la intención de sanar y, si actúas con prudencia, lo lograrás.

capítulo 9

Uso de elementos sagrados y símbolos

Utilizar los elementos sagrados es parte fundamental del crecimiento y la evolución de los seres humanos en el planeta. Sus Ángeles de la Guarda hemos asistido durante millones de años con ejercicios de dones de transmutación, de clarividencia y el accionar de la Luz en la Tierra a través de los símbolos primigenios.

En este momento de gran despertar de la humanidad y cambio en la Tierra, los elementos del origen vuelven a ser usados por los seres de Luz que habitaron el planeta en épocas ancestrales. Estos seres relucientes, luminosos, llenos de amor, portaron elementos sagrados que les conferían Luz materializada en la Tierra para poder revertir situaciones de agravio o de embates de las fuerzas oscuras de bajo astral.

En este momento la confrontación entre los seres oscuros y los seres de la Luz es intensa.

Los elementos sagrados que aquí abordamos se usaron en el comienzo, en los momentos de fluorescencia lumínica en el planeta. Sirvieron para anclar más Luz en él; activar los dones de la sabiduría interior y así producir milagros; hacer realidad sueños, y anclar en la Tierra el conocimiento de las altas esferas siderales. Responden a un lenguaje universal y son empleados por los maestros de la Luz en el plano terrenal.

Ustedes son portadores de una genética ancestral. Su esmero y esfuerzo dedicados a asentar las bases de una nueva frecuencia en su cuerpo físico lograron abrir los signos del origen, de gran trascendencia en el hacer universal.

Los seres humanos transitan la Tierra para elevar la espiritualidad y anclar más Luz en sí mismos y en los lugares que recorran.

Estos símbolos son los símbolos primigenios, abiertos en el campo magnético de cada uno. Ustedes recurrirán a la visión etérea para atraerlos y materializarlos.

Símbolos y elementos sagrados

Les hemos pedido que usen símbolos religiosos en el cuerpo físico, elementos físicos como elementos sagrados.

- *La cruz.* Un signo muy conocido que usan en forma permanente desde que tienen uso de razón es el crucifijo, como se le llama en términos cristianos. Se trata de una cruz que indica el anclaje de la Luz en la Tierra. Es un símbolo sagrado supremo del origen de la Tierra: indica que la Luz desciende en forma vertical y se unifica con ella a través de lo horizontal. Es también el elemento potencializado de Luz y amor; indica la Conjunción Estelar. Quien porta este elemento está protegido, porque ancla Luz de las altas esferas siderales en la materia. El portador de este elemento es un instrumento de Luz, un ser de Luz que ancla una banda fotónica de gran intensidad para transitar la Tierra con esa Luz, que será benéfica para él y para el entorno.

- *La medalla.* Las medallas representan la unificación, porque en su gran mayoría son ovaladas o circulares y contienen imágenes de seres de Luz. Estos símbolos sirven para mantener la Luz en el cuerpo. La forma ovoide indica un espacio interconectado de Luz que se modifica de acuerdo con las leyes universales. Es el contenido de la Luz humana, de la Luz que irradian ustedes. Es la Luz que el Padre, les otorgó en el momento de ser creados. Cuando una medalla lleva una imagen o algún elemento para santificar o venerar, estos cobran Luz y transfieren al ser que la porta una gran luminosidad en el interior de su campo magnético. Si es circular, manifiesta la unificación del Todo, el macrocosmos, la unidad con el Padre, con la Unidad Suprema, que es la fuente creadora. Estos elementos son de gran relevancia en este quehacer tridimensional.

- *La Estrella de David.* Es la unificación del Cielo en la Tierra: como es arriba, es abajo. Indica sabiduría, conocimiento, la apertura de la conciencia a la Luz. Con dos triángulos en contraposición, refleja que el cielo desciende a la Tierra. Es el símbolo de la Conjunción Estelar. Cuando las estrellas presentan colores etéreos, luminosos, sagrados, como el dorado iridiscente, este representa la Luz potencializada; es una banda fotónica intensa condensada en una Estrella de David, señalando el potencial de la energía cuántica en el ser que transita la Tierra con ese símbolo etéreo.

- *La espiral dorada platinada.* Señala la fuerza centrípeta de la Luz que es emanada a través del centro cardiaco, iluminando y ampliándose hacia las fuentes supremas. El Espíritu precede a la materia y los símbolos confieren al ser humano la Luz manifestada en ellos. Podemos transmitirles, enseñarles muchas de las cosas que ustedes saben en forma intuitiva a través de sus dones.

- *El "ocho" infinito.* Indica equilibrio.

- *El triángulo.*

- Símbolos como el *bastón de mando*; la *estrella solar*; la *estrella platinada* (que refleja fuerza alquímica), y la *estrella de color rosa pálido* (que indica el amor divino), más el cuántico, un color dorado-platino (que representa el amor unificado mediante la sanación y la energía cuántica y la decodificación o alquimia). Estos tres elementos están activos en muchos de ustedes, miembros de la Confederación Galáctica, seres altamente evolucionados que transitan hoy la Tierra para acceder al conocimiento ancestral e impartirlo a sus pares).

- *Los cristales.* Los símbolos son figuras geométricas, son información, ya que la Luz nos da información. Y la Luz se manifiesta a través de cristales.

- *Figuras* que no son muy conocidas para los seres humanos, elementos que se usan a través de la visión etérea y del pensamiento creativo. *Proyecciones* mentales que se generan por medio del centro cardiaco; pensamientos de amor y unificación. *Mantras; sonido; música*, la *Luz* manifestada en llamas generadas por una vela u otra cosa que ilumine. *Instrumentos* que modifican la esencia molecular del ambiente, desintegrando la distorsión molecular del lugar, por ejemplo, la flauta que emite un sonido celestial, como el de los mantras, la verbalización con amor en la que las palabras sagradas se repiten en forma cadenciosa.

- *Los regalos celestiales.* Ustedes los usan en este momento: energía cuántica, energía taquiónica, Agua Diamantina, sándalo dulce. Igualmente, la oración, el Verbo Creativo y la visión etérea.

Estos elementos sagrados fundamentales son los que los seres humanos manifiestan con el corazón, la forma física y el pensamiento. Se revelan en la Tierra, sobre todo en este último tiempo, como apreciamos con el símbolo de gran valor para los humanos, el símbolo de la Conjunción Estelar: la señal de la Cruz. Los elementos sagrados usados hoy son los llamados a revertir la situación de caos y horror que vive el planeta. Los símbolos son protectores, guardianes de la Luz en él y muy apreciados en este hacer tridimensional.

Centrar la Luz

Como te pedimos tus ángeles, centra la Luz, obsérvate en forma ovoide, emanando Luz por el campo magnético y unificándola. Ese símbolo es un símbolo de contención y es un símbolo sagrado. Ubica tu morada, envuélvela en Luz platinada y séllala con el anclaje de la Luz que es la cruz en la puerta principal.

La Luz se manifiesta en el flujo sanguíneo con símbolos geométricos. Actívala con la visión etérea. Estos símbolos sagrados están dentro de tus células, son el lenguaje universal. Ábrelos, sácalos a la superficie para que esta heliografía sea leída por todos los seres humanos, unificados en este lenguaje que interconecta a los seres humanos con sus pares y con el Universo entero.

Al utilizar los símbolos lograrás unificarte al todo, lograrás tener o hablar un lenguaje único. No habrá distinción de lenguas, se entenderán recurriendo a la simbología sagrada. Los elementos religiosos tienen esa función en la Tierra. Cada humano cuenta con sus elementos religiosos y ha usado los de origen. Cada uno vino a la Tierra y eligió agruparse en un grupo religioso que activa sus dones mediante la simbología sagrada, que es el ritual del espíritu en la materia manifestándose en formas y pensamientos.

Los símbolos sagrados, que residen en su interior, son activados en este momento para unir el cielo y la Tierra. Es lo que llamamos decodificación genética.

Símbolos sumerios

Queremos contarles una historia hermosa, la de su tránsito por la Tierra. Como mensajeros divinos, hemos asistido en todas sus rondas evolutivas.

Con el correr de los tiempos hemos llegado a este punto álgido de la vida de la Tierra, en el cual ustedes se planificaron y pidieron venir para transitar este momento de la apertura del conocimiento ancestral, del salto evolutivo de enorme trascendencia que se esperó durante millones y millones de años.

La Tierra, antes catapultada por la oscuridad, está descubriéndose. Está revelando los misterios akáshicos, abriendo el conocimiento al llenarse de Luz. Vuelve al origen. Se viste con la Luz primigenia y se engalana con el amor de sus hijos. Esta Luz maravillosa trae información a quienes son sus hijos. Jesús, el Divino Maestro, uno de los precursores de la Luz en el planeta, dijo a sus discípulos:

Conózcanse a sí mismos porque allí reside el conocimiento. La verdad está dentro de ustedes mismos.

Y eso es lo que ocurre ahora. La gran inserción fotónica que se manifiesta por medio de la disposición de los seres de Luz del planeta ha podido desmantelar áreas estancadas, activar el conocimiento ancestral y, con ello, revelar los grandes misterios de la humanidad.

Los símbolos sumerios se refieren a este gran acontecimiento.

Durante mucho tiempo han oído hablar de los monumentos de piedra que existen en la Tierra y muchos se han interesado en ellos. Algunos están diseñados en forma circular o semicircular; otros apuntan hacia el espacio sideral emanando Luz; otros más, en forma piramidal, contienen cierto número de escalones; símbolos, figuras geométricas, y también pasillos ocultos y lugares con salas de instrucción, bajo la Tierra.

Hay muchos elementos akáshicos. Múltiples monumentos erigidos para ayudar en el despertar de la conciencia a la Luz. Sólo hablaremos en forma general, porque esta información se localiza en su interior. Todo lo que observen a su alrededor lo refleja.

Estos monumentos decodifican sus células, volviéndolos al origen, transmitiendo información fidedigna a través de la simbología sagrada y los elementos antes mencionados.

Ustedes activan el conocimiento ancestral por medio de estos grandes monumentos. A cada uno se le revelará lo que deba saber. Nosotros, sus ángeles, les comunicaremos estas verdades que se descubrirán a lo largo de su evolución y ascensión planetaria.

Los símbolos sumerios son el decodificador, el desmantelador de patrones negativos que residían en su cuerpo y que ahora están siendo desatascados. La simbología sumeria es parte de ustedes mismos, es la genética que traen consigo; permite la realineación y la activación del ADN, así como la activación de los dones primigenios.

Los símbolos sumerios son sus respuestas internas, el conocimiento ancestral, o lo que llamaremos el nuevo conocimiento, porque lo están aperturando ahora. Lograrán esta apertura mediante la información fidedigna recibida en la canalización, la claripercepción plena, la visualización mediante la activación de los dones y la disposición. La inserción fotónica permite movilizar el conocimiento que les pertenece a ustedes, miembros de esa raza sumeria que habitó la Tierra y que ahora vuelve para revelar los códigos. La simbología sagrada se manifiesta en su accionar. Cada uno recibirá sus propios signos, las llaves de su conocimiento, sus propios códigos, sus propios símbolos. Por eso deberán manifestarse en Luz y estimular la visión etérea. Pidan ser asistidos orando al amanecer, usando los elementos sagrados.

Decodificación genética mediante las enseñanzas y símbolos sumerios

En el centro meridional de su cerebro se encuentra la glándula llamada hipófisis. Su acción preponderante es almacenar el conocimiento y establecer el equilibrio vibratorio del cuerpo etérico con la materia. Vemos que en muchos de ustedes se aglutinan campos magnéticos obstruidos en la base del cerebro, que no permiten la interacción del cuerpo material y el espiritual.

¿Cómo pueden activar todo el conocimiento que cada uno adquirió y conoce a través de su pasado ancestral? Muy simple: abriendo la conciencia plena con el uso de símbolos. Los símbolos que cada uno lleva dentro de sí contienen un lenguaje ancestral, con el cual se comunica con su ser interior o Doble Divino Ka. Este ser de Luz es maravilloso y el que los ha acompañado a lo largo de millones de años.

Los sumerios son de gran relevancia en la Tierra pues son los que pusieron en cada uno de ustedes el conocimiento o lenguaje de la Luz por medio de la geometría sagrada.

En el comienzo de la era cristiana, seres de Luz de gran envergadura acompañaron a Jesús en su trayecto por la Tierra. Con la llegada del Hijo de Dios se descorrieron muchos velos magnéticos de bajo astral. Los maestros y sabios de ese entonces aplicaron el conocimiento ancestral emanado por maestros que habitaron el antiguo Egipto, los cuales dejaron testimonios y símbolos sumerios. De alguna manera, la raza sumeria debía ser devuelta a la Tierra.

Aún hoy, los templos de Luz conservan las bases de la Geometría Sagrada. Sabemos que las formas piramidales contienen la Luz del conocimiento y el hecho de estar dentro de una de esas formas geométricas lo decodifica, porque sus células responden al movimiento vibratorio producido dentro de esa estructura. A muchos de ustedes les fascinan las pirámides y sueñan con viajes intergalácticos. ¿A qué se debe eso? ¿Acaso nunca se han preguntado de dónde vinieron y por qué están aquí en este ahora en la Tercera Dimensión? La gran mayoría despertará a un nuevo nivel de conciencia, ya que son seres puros, rarificados, livianos, hechos de Luz y amor que vinieron a crear vida, a gestar una gran misión.

Todos tienen símbolos genéticos, es decir, figuras geométricas que sirven para reconocer el saber universal y son el lenguaje del pasado ancestral. Ustedes llevan la impronta de la Luz y, a medida que el tiempo nuevo avanza, accionan más su propio conocimiento. Sus envolturas terrenas llevan símbolos sagrados que la Luz les impuso como un lenguaje universal. Este lenguaje responde al sonido; por ejemplo, el sonido vibratorio que los delfines emiten hace que sus células se decodifiquen. Esos seres son sus guías y los acompañan en este ahora para ayudarles a sostener el planeta.

Los símbolos que los sumerios dejaron en la impronta de todo lo que está diseminado en la Tierra sirven para ayudarles a despertar. Tomemos como ejemplo los rollos que se encontraron hace algunas décadas en el Mar Muerto. ¿Creen, por ventura, que su hallazgo fue producto de la "casualidad"? En realidad, los envió el Padre para decodificar sus genes. Ustedes los conocen, ¿qué sucedió con ellos? Nada. La humanidad seguía dormida. Hemos tenido que hacer grandes esfuerzos para ayudarles a despertar. Somos muchos los seres de Luz que los rodean y los apoyan en su tránsito en la Tierra. Si bien ustedes deben vivir en la materia provistos de todo lo que necesiten, eso es una parte del plan.

Según el plan, las necesidades humanas serán cubiertas por cada ser de Luz con su creatividad, pero nadie les ha dicho cómo hacerlo. Ustedes, totalmente obnubilados por lo material, creían que vinieron a la Tierra para comprarse un auto, tener una casa y graduarse en alguna disciplina. Por supuesto, esto es necesario, pero constituye una mínima parte. Su cometido primordial es aprender a usar sus dones para acceder a una vida agradable y feliz. Tienen la capacidad de ver los códigos, a través de lo que se refleja en el exterior. Por ejemplo, quizá se sintieron movilizados por ciertos hallazgos de gran relevancia, como los rollos sumerios o algunos jeroglíficos o los monumentos de piedra presentes en todo el globo terráqueo, empezaron a sentir una nueva frecuencia en su fuero interno. Por eso cada ser que habita el plano material es una pieza fundamental en esta historia.

Simbología de los animales domésticos para los humanos

Si tienen un animal doméstico en su casa es porque ellos han decidido acompañarlos. En apariencia, son ustedes quienes los invitan a compartir su vida, pero no es así. Ellos, que son seres altamente capacitados, vienen a la Tierra por su propia voluntad para ayudarlos en su crecimiento, en su despertar. Muchos animales que comparten la vida con ustedes no los dejan ni a sol ni a sombra, a menos que ustedes, por sus actividades terrenas, se ausenten de sus hogares. Pero el tiempo que están en casa, ellos están frente a ustedes, emitiendo sonidos, mirándolos, hablándoles de cosas que vivieron juntos en otras dimensiones.

Estos animales son la clave para despertar, porque en ellos moran la Luz y el amor. Deben hablarles y contarles cómo se sienten; ellos escucharán y ayudarán, aunque no hablen su idioma. Todo esto tiene que ver con los símbolos, que son el espejo de lo que tienen delante de sí mismos. Observen a su alrededor y sentirán cada día más el acercamiento porque todos somos uno con el Todo.

Lenguaje, fonemas y signos recibidos por los seres de Luz que trabajan con sus dones

Este tema se relaciona con la genética ancestral de los seres de Luz, que reciben información estelar del lugar de donde provienen. Los atlantes y lemurianos recibirán lenguaje sánscrito, que les hablará de su pasado ancestral; por ejemplo, la lengua egipcia. Los mayas recibirán algunos fonemas con dibujos multicolores. Anita recibe la lengua de sus antepasados atlantes, pero que tienen que ver con Alción, seres del espacio sideral que poblaron las Pléyades. Si alguno de los lectores o los presentes recibe información por medio de signos, es importante que haga una consulta personal para ser orientado. Si se trata de cristales akáshicos, también podemos aclarar en forma personal a cada uno cómo usarlos para acceder al conocimiento interior.

Agradecemos a la colonia atlante, venida desde Alción, por reivindicar la Luz en el planeta. También agradecemos a los seres que se unieron a nosotros en este trabajo, los seres de Andrómeda y de Sirio. La repercusión estelar que ustedes están adquiriendo tiene que ver con la decodificación genética. Gracias por su disposición. Amén.

Ejercicios lumínicos

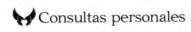 Consultas personales

Recuerda, las consultas personales son sumamente beneficiosas, sobre todo si recibes información mediante signos.

Para alcanzar la decodificación genética, el primer paso será que aprendas a hablar los idiomas que usaste en otros tiempos.

capítulo 10

Plan mayor para realizar la ascensión

Sus Ángeles de la Guarda y maestros ascendidos estamos aquí para darles información concreta y fidedigna sobre cómo se llevará a cabo el accionar del Plan de salvamento de la humanidad y de cómo serán ustedes ascendidos.

En términos sencillos les transmitimos la enseñanza preparatoria para el gran paso que está dando la humanidad: la Ascensión Planetaria.

1. Ascensión Planetaria

Seres de gran estirpe celestial están trabajando en el plano terrestre. Son ustedes, miembros de la Gran Familia de la Luz, que han venido a la Tierra a asistir a los necesitados.

Ascensión Planetaria es un concepto de gran importancia y significado para la existencia humana y terrestre.

Es la aceptación de una nueva vida en la Tierra, proyectada desde tiempos inmemoriales. Los humanos se han capacitado para este gran evento cósmico. Están preparados para ascender y cuentan con nuestra ayuda.

Muchos se preguntan qué es ascender y cómo ocurrirá.

El ascenso está produciéndose en este preciso instante. Los seres de Luz del planeta irradian frecuencias de alto voltaje vibratorio y gran alcance que disuelven la niebla o los cúmulos densos.

Todo el Planeta pasa entonces por un "ajuste molecular" de gran intensidad.

Debido a la gran Luz que se manifiesta en la Tierra, ella y sus habitantes están anclando una nueva frecuencia lumínica, lo cual permitirá que los seres capacitados alcancen niveles de conciencia superior.

La configuración planetaria influye en sus patrones personales, los cuales han sido decodificados y han logrado activar una conciencia superior a la habitual. Están preparados para vivir en la Tierra con amor y Luz, observando leyes de comportamiento afines a ella.

2. Estrategia preliminar para cumplir nuestro cometido

Lo esencial es salvaguardar la Luz en la Tierra, en el corazón de cada ser dispuesto a trabajar en la concreción del plan divino.

La era de oscurantismo de la gran noche terrestre toca a su fin. La Luz se manifiesta en ustedes. Unidos lograremos el despegue. Uniremos nuestras frecuencias y saltaremos juntos a un nuevo plano dimensional de conciencia. Deberán afianzar la Luz en sus campos magnéticos, polarizando una frecuencia lumínica de alto poder vibratorio. Serán portadores de nuevas energías. Anclarán su presencia divina o crística en la Tierra, erradicando el dolor, la miseria y el conflicto. Serán usados como portales de Luz, como "puertas" para ser ascendidos. Muchos ya experimentan el ascenso en masa. Vemos que ustedes se manifiestan en Luz y ayudan a ascender a millares de seres, con sólo activar la solicitud de sanación y redención. Es hora de movilizar el conocimiento que les ayudará a reconocer los verdaderos elementos y herramientas que posee cada uno para liberarse de este sistema de horror, rígido y corrupto que ahora cede el paso a la paz, la alegría y la contemplación de las verdades universales.

3. Directrices personales

Abunda el conocimiento. Las pautas están dadas. Sólo deberán escuchar su sentir. Se manifestarán en Luz dorada; activarán los códigos genéticos; usarán el Verbo correcto, el Verbo creativo; se ungirán con sándalo dulce y verbalizarán mantras sagrados que le daremos a cada uno en forma personal. Estarán en contacto unos con otros y se unirán en gozo, alegría, paz, bienestar. Orarán juntos por la concreción del plan divino y por la redención de la humanidad. Les impartiremos enseñanzas a cada uno, dando apertura al conocimiento y a los dones celestiales.

4. Heliografía global de Mendoza

Les hemos anunciado el Gran Cambio. Juntos trabajamos en convergencia armónica, nosotros, sus Ángeles de la Guarda, y ustedes, seres de gran estirpe celestial en la Tierra. Podemos observarlos desde el espacio sideral.

Vemos la ciudad Luz y una banda fotónica de gran intensidad que emerge de la irradiación lumínica de ustedes. Esta ciudad sagrada de oro resplandece gracias al amor de sus hijos. La historia original del planeta manifiesta Luz potencializada en esta zona, en donde moran antiguos maestros que se han unido en el contexto tridimensional para salvaguardar la Luz y expandirla hacia la Tierra misma y al Universo. Seres de gran estirpe habitan hoy este sitio sagrado. Vemos el corazón de la Madre Tierra que opera junto a ustedes, en unificación con el Todo.

La heliografía de Mendoza es la unificación de la Luz a través del sentimiento y la pureza que cada ser dispuesto aporta con su propia Luz, emanando radiaciones magnificentes de color rosa pálido, oro y platino. Es conmovedor ver a esta ciudad emergiendo a un plano superior de conciencia. Y ustedes han hecho posible este gran cambio.

Mendoza será el elemento esencial de la Tierra, activará la Luz en ella y la irradiará a los confines del planeta con el amor de sus hijos. Los vemos iluminados, creando vórtices de Luz de gran alcance. Deseamos agradecer la gran dicha de transitar la Tierra con esta configuración lumínica. La Luz manifestada por ustedes se refleja en un espejo trifásico de gran alcance como propulsor de energía lumínica potencializada, que es la energía cuántica.

Muchos ya han movilizado la tecnología espiritual y asumen la responsabilidad de trabajar activando los dones. Gracias al templo sagrado que es Mendoza, tierra fértil y húmeda, en el origen vuelve a renacer y a otorgar la abundancia a todos los habitantes. Amén.

5. Avatares y niños índigo

La genética ancestral se manifiesta con claridad en estos seres que vienen a la Tierra, unidos por una misma voluntad: la voluntad divina.

Los avatares y niños índigo, que movilizan una gran luminosidad, fueron programados con anterioridad. Su genética es altamente evolucionada. Son seres superiores que anclan en la Tierra para desarrollar los dones ancestrales. Serán capaces de movilizar la gran tecnología superior que se usó en el origen de la Tierra. Sus capacidades no son comunes: responden a una vibración superior y gozan de gran capacidad psíquica y espiritual. Vienen a formar y alinear al planeta, porque llevan consigo el conocimiento estelar.

Estos seres están anclando en la Tierra desde hace un tiempo considerable. Algunos manifiestan sus dones, son clarividentes y clariperceptivos. Tienen conocimientos ancestrales aperturados. Ellos saben. Su genética es altamente codificada, con los códigos de la Luz y los unen a ustedes las reminiscencias de un pasado estelar. Son sus maestros y muchos de ustedes ya pueden percibir y recibir estas presencias magnificentes en la Tierra. Muchos de sus hijos son los hijos de la Luz, portadores directos de la genética de esta. El conocimiento y el saber universal mora en cada uno de ellos.

Nosotros, sus ángeles custodios, estamos aquí para informarles que en Mendoza residen antiguos habitantes del planeta que son entidades celestiales de gran estirpe. Estos hijos de la Luz son, en su mayoría, sus hijos. Nosotros les contamos esto para ayudarles y darles directrices en este sentido.

Las características de los avatares y niños índigos son las siguientes:

Son seres discretos, observadores, de poca manifestación verbal. Usan los dones en sus juegos y pronuncian palabras sagradas y sánscritas. Sus ojos son claros y transparentes. Huelen a aromas. Son frágiles en apariencia. Saben lo que sucede a su alrededor. Ven con el ojo psíquico. Observan las estrellas y hablan de temas relacionados con el intercambio interestelar. Navegan, viajan, tienen sueños y visiones premonitorias. Ven y sienten distinto. Es fundamental que los reconozcan, les brinden ayuda y protección y los salvaguarden del acoso de las entidades oscuras. Deberán obrar con amor y hablarles con sutileza. No gritarán. Serán asistidos y comprenderán el recogimiento interior de cada uno. Ustedes serán investidos con una nueva frecuencia y estos seres traerán al planeta un nuevo paradigma.

Los avatares son antiguos soldados de la estirpe del rey Salomón, de faz clara y transparente. Se unifican, se reúnen en colegios y comunidades. Generan afinidades tridimensionales. Y si no se los obstaculiza, logran atraer a los reinos dévicos para ayudar en el proceso de conjunción estelar. Son depositarios del gran saber universal y quienes les ayudarán a salvaguardar al planeta y a la humanidad. Portavoces celestiales, divinos, cuya llegada se hace posible gracias a la decodificación genética que ustedes manifiestan por medio de la energía cuántica.

Reconózcanse a sí mismos, porque muchos de los jóvenes reunidos aquí son estos grandes maestros, anfitriones celestiales.

6. Plan de rescate de la humanidad centrado en el amor divino

El plan de rescate de la humanidad se lleva a cabo con gran resonancia y éxito en la tercera dimensión. Apreciamos desde el espacio sideral una nueva frecuencia en el planeta, lo cual indica que la Luz manifiesta en ustedes produce un gran desmantelamiento de áreas estancadas. La frecuencia del amor y la Luz reinan en la Tierra. La gran transparencia y creatividad con que se realiza el plan se debe a todos los seres de Luz que se manifiestan como tales y piden el cambio. La ayuda recibida desde el espacio sideral se hace presente gracias a la convocatoria y la disposición de estos seres que aman la Tierra, que se presentan con las vestiduras sagradas (los colores áuricos) y expresan el amor por todo lo creado en plenitud. Los colores reinantes en la Tierra son el rosa pálido, el dorado iridiscente, el platino y el azul. Estos colores se muestran en masa, como heliografía.

Sale a flote el poder creador en cada uno. El que se muestra en Luz es un ser que asiste a los demás y ayuda a desmantelar el horror de la Tierra.

Esperamos que se muestren como lo que son, seres de gran estirpe celestial, alumbrando la Tierra con su Luz. Los amamos. Amén.

7. Manifestación de la Luz en el planeta

La Luz se manifiesta en gran medida. Es necesario usar la visión etérea para poder observar la gran luminosidad reinante en el planeta. La Luz se irradia por medio del vehículo terreno que es su cuerpo. Y son ustedes los que la anclan. Son portadores de Luz porque sólo el cuerpo humano puede anclar la Luz en la Tierra. Ustedes son el anclaje divino en este plano. Usen la Luz y la creatividad. Gracias, humanos. Somos uno en ustedes.

8. Requerimientos para lograr una conjunción estelar

¿Qué métodos se usarán para ello?

☀ Cuerpos físicos y estructuras moleculares (vehículos terrenos)

☀ Aditamento físico de energía lumínica y potencial de Luz, cristalizados en la médula espinal

☀ Movilización de la luz a través del sistema glandular y linfático

Los requerimientos básicos son la gran fuerza motriz emanada por las distintas vibraciones que emiten los humanos mediante la heliografía compartida. Los métodos son los que hemos anunciado desde el comienzo. Hubo una gran desintegración de la materia a través de las ondas frecuenciales de bajo astral.

Constatamos que muchos seres han podido mantener la frecuencia de la Luz en el planeta gracias a la disposición y a la gran tarea que llevan a cabo.

Es necesario usar la mente concreta con pensamientos creativos y la visión etérea para que estos se cumplan. La mayoría de los seres investidos con la Luz divina ejercen un potencial vibratorio de gran envergadura.

Estos seres son los vehículos de ascensión planetaria. La conjunción estelar es la exteriorización de la Luz suprema que interactúa en la masa terrena por medio del cuerpo físico que presenta un alto contenido de Luz en él. Es esencial usar la creatividad y observarse a sí mismos como seres de gran potencial divino.

Cuerpos físicos y estructuras moleculares

Los cuerpos físicos o vehículos terrenos presentan estructuras moleculares indistintas. La base es lo que llamamos el Doble Divino Ka. Es en sí el cuerpo de Luz rarificado. Cada ser humano es investido con la Luz divina, la cual tiene un potencial de gran alcance o amplitud. La Luz emanada desde el espacio sideral es acumulada en el cuerpo que se dispone a trabajar con y para la Luz. Se activan los códigos genéticos, los códigos de la Luz que son el verdadero sentir universal. La Luz se proyecta a través de las diferentes glándulas del cuerpo humano, activando la materia en el espíritu o viceversa.

Ya hablamos de la convergencia armónica, de la unión interestelar o galáctica que se produce gracias a su disposición. Cada ser dispuesto a trabajar con y para la Luz será decodificado y usado como vehículo de Luz en la ascensión planetaria. El vehículo de ascensión son ustedes, nuestros amados hijos.

Aditamento físico de energía lumínica y potencial de luz cristalizada en la médula espinal

Una gran inserción fotónica se está llevando a cabo hoy en el planeta. Los recursos sutiles de la Luz y las emanaciones o fluidos de los seres capacitados para sobrellevar o anclar una nueva frecuencia trabajan con el cuerpo físico en sintonía con el nuestro. Se trata de la ya descrita sincronización FEME. La gran banda fotónica enviada a la Tierra se desliza en forma permanente como un fluido de luz dorada-platinada desde el centro de la coronilla, el centro cerebral, para ser lanzada por la columna vertebral, insertando Luz en los puntos focales específicos que están alineados en el cuerpo: los chakras.

La Luz se manifiesta en forma de pequeños cristales que se unifican con el fluido sanguíneo, aligerando el peso corporal para que ustedes asciendan a planos superiores de conciencia.

Movilización de la Luz a través del sistema glandular y linfático

El sistema endocrino juega un papel preponderante en el anclaje de Luz en el cuerpo. Les ayudaremos a lograr una comunicación fluida con nuestros pares en la Tierra. Esto requiere el uso del Agua Diamantina para rarificar el cuerpo y activar las glándulas.

La columna representa el sostén del vehículo en cuestión. Ella irradia su potencial lumínico a los centros nerviosos. Es importante que reflexionen en este sentido y se dediquen a estirar su columna vertebral para que sostenga una vida ágil y fructífera en la Tierra. Como seres de Luz y maestros encarnados, deberán reclamar su patrimonio ancestral. Recuperar la agilidad mental y la motricidad del cuerpo. Es indispensable practicar ayunos, ingerir comida macrobiótica, nutrirse sanamente. Sus cuerpos serán vehículos de ascensión.

La Luz traerá alegría, paz y abundancia a la Tierra. Y ustedes, nuestros hijos amados, son los portadores de la Luz en ella. Es necesario usar la creatividad, orar e inspirarse en lo más hondo de sus sentimientos y la intensa Luz. Toda la niebla y el horror se erradicarán y ustedes serán las herramientas para el gran cambio.

Les hemos hablado así para afianzar los lazos de la Luz en el planeta, para que cada uno sepa qué hacer y cómo transitar la tercera dimensión. Agradecemos su atención. Amén.

Ejercicios lumínicos

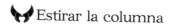 Estirar la columna

Estira tu columna vertebral, es fundamental. Para ello, toma clases de danza, yoga, tai chu chuan, o cualquier otra disciplina que te atraiga.

Ora para inspirarte en lo más hondo de tus sentimientos y para que la Luz te alumbre como una antorcha.

capítulo 11

Unificación integral total

Estamos iluminando el camino de muchos seres en la Tierra y con ello se revelarán las antiguas enseñanzas primigenias. Nosotros, Ángeles de la Guarda, estamos a su alrededor y vemos que la Luz divina ilumina majestuosamente su andar.

Habrá una gran confrontación en la materia. La lucha interestelar se ha desatado. Orarán, se harán cadenas de oración. Y la consigna es centrar la Luz en el corazón. Nada malo sucederá. La Tierra está salvaguardada.

Los seres de gran estirpe celestial trabajan en forma ardua. Necesitamos bases de comando terreno, por lo que pedimos que se reúnan en grupos y se unifiquen.

El amor divino se manifiesta en ustedes. Sólo piensen en el éxito de su tarea en la Tierra y tranquilicen su espíritu. Las nieblas se disipan. Habrá unión. Nada separará lo que se unifica con nuestra tarea. Lo único que requerirán es activar la conciencia superior. La materia es parte del Plan. Déjense fluir. Los ayudaremos, asegúrense de actuar con prudencia.

La tarea por realizar está orientada al bien supremo. Nada hay que temer. Las bases interestelares asentadas en esta zona del planeta convergen en calidad y asistencia primaria hacia ustedes, nuestros amados hijos.

Es necesario abrir códigos genéticos. Nos reuniremos con los altos mandos gubernamentales del cielo y la Tierra y se llevará a cabo una gran depuración cósmica.

Las bases de la Luz se manifiestan en cada ser dispuesto para esta tarea. Habrá confrontaciones. Resguarden con gran esmero a sus familias y operarán con las bases de la Luz.

119

Integración a través de los elementos sagrados

Haz invocaciones de protección y asistencia todos los días. Quien ore y pida será resguardado. Comienza la etapa de estupor. La gran Luz desciende a la Tierra. El dolor será erradicado. La Luz manifestada por los seres dispuestos ayudará a minimizar el dolor reinante. Siéntete protegido. Es parte del Plan. Es parte de tu crecimiento. No te asustes; más bien, invoca las presencias lumínicas, ellas acudirán al rescate. Pide la misericordia divina y te verás envuelto en Luz.

Las ciudades afectadas son las que no escuchan la voz del Padre y trabajan para la destrucción. Son zonas de gran conocimiento tecnológico y material. Apestan a tóxicos y su densidad es tal que no podemos llegar a ellas con nuestras bases, por el libre albedrío de sus habitantes. Los seres de Luz del Planeta acudirán allí a ayudar. A ustedes les corresponde trabajar en esas ciudades y llevar la Luz. Muchos lugares sucumben en manos de los oscuros.

La gracia del Padre se manifiesta. Es tiempo de orar, salvar y resguardar. No descuiden sus tareas. No permitan el acoso de las entidades oscuras. Recibirán ayuda celestial. Deben tranquilizarse y continuar con la tarea. Deseamos que logren dar y unificar. Serán informados para alertar a sus pares. Serán custodiados. Habrá una gran movilización. Todo está dispuesto.

Escuchen con atención, usen la palabra escrita; les informaremos de un nuevo acontecimiento en la Tierra. Se harán oraciones comunitarias y es importante usar el fonema. Aprenderán nuevas formas de convivencia, se unificarán. Anclaremos Luz y les brindaremos una vida próspera y fructífera. Hay algarabía en el Cielo, son los ángeles y guías ancestrales.

El Plan Mayor se cumple. Haremos inserción fotónica. El tiempo final se acerca y nuestros canales de Luz en la Tierra recibirán nuestra ayuda.

Las malformaciones de origen ancestral se están disolviendo, pero aún quedan residuos kármicos en la zona del Cono Sur. Se barren los elementos tóxicos y la fase depurativa toca a su fin. Es fundamental orar en este sentido.

La Luz se manifiesta en forma magnificente y la tarea continúa. En muchos lugares del Planeta se moviliza una nueva frecuencia, aunque vemos algunas brechas.

El punto álgido de Luz es Mendoza, donde resplandece el cordón montañoso. Hemos avistado naves de Luz. Una gran convocatoria se aproxima. Muchos de sus pares están siendo llamados. El desafío es ayudar mediante la conciencia superior a los seres que aún no han despertado.

Las directrices son:

- Orar al amanecer verbalizando los mantras sagrados que los unifican.

- Leer antiguas enseñanzas bíblicas y la codificación que aparece en la Biblia.

- Movilizar una nueva frecuencia y accionar con el Verbo Creativo.

- Evaluar su misión y ofrecer dones y oraciones a la Madre Tierra.

Se aproximan grandes cambios en el planeta, pero no teman, estamos aquí para ayudar. Por eso los hemos reunido, para manifestarnos plenos por medio de ustedes. Deseamos ayudarlos en la inmensa tarea por delante; convóquenos para asistirlos en forma personal. La gran tarea está dando resultados y la Luz se manifiesta en ustedes. Apreciamos tonalidades muy claras y transparentes.

Una muy buena noticia es que desde el espacio sideral vemos que la Luz se hace sentir en cada ser, con la intención de crecer. El grupo de avatares e índigos llegan en masa a la Tierra y son ellos sus hijos. Manifiestan la Luz a través de la acción divina. Hay una nueva frecuencia y la Luz se hace presente en todos los sentidos. El gran despertar de la humanidad ha llegado. Visualizamos grandes masas de Luz y seres que se expresan con prudencia y honran a la Madre Tierra, quien recibe el amor de sus hijos. Los avatares traerán un nuevo paradigma y eso está sucediendo ahora.

La gran Estrella de David aflora en el centro de la galaxia y apunta al Cono Sur.

Ustedes, los seres antiguos, descubren la gran tecnología espiritual que albergan en su interior. Son ustedes las máquinas propulsoras de energía cuántica y de saber universal. El sentimiento de unidad prevaleciente en cada ser dispuesto produce Luz que disipa las nieblas. Los acontecimientos venideros traerán una nueva historia a la Tierra.

En el centro meridional del eje de la Tierra se ha activado una frecuencia magnética de gran propulsión, que genera una baja de la densidad de la estratosfera. Las cimas del Himalaya y de la gran Cordillera de los Andes se ven relucientes. Estos cordones montañosos están unificados.

Se logrará acceder a la zona que quedó catapultada en épocas remotas, es decir, la Atlántida emergerá. Pronto serán testigos de este acontecimiento. Y con esta ciudad sumergida en el Cono Sur lograrán aperturar un nuevo estado de conciencia. El Paraíso sobrevendrá. Esto está por suceder.

Las lenguas antiguas del origen del Planeta se decodifican por medio de ustedes, quienes también lo llenan de Luz.

Hemos logrado unirlos en amor y virtud. Vimos y sentimos la gran respuesta de nuestros hijos amados en la Tierra. Ustedes consiguieron apartar los velos magnéticos y brindar acceso a estas zonas de gran convergencia.

Habrá un despertar en masa, Mendoza se llenará de Luz y sus hijos tendrán la oportunidad de revertir la situación de miseria y conflicto. Mendoza será galardonada como ciudad Luz de superficie. Sus habitantes llenarán las arcas de la abundancia para compartir y repartir con todo el que lo necesite; en esta fuente de Luz se les prodigará atención especial.

Cada ser preparado para esta tarea llevará consigo un sello crístico que lo identificará en su labor de salvaguardar el territorio y a sus seres queridos. El sello crístico es de enorme importancia porque es un código genético del origen, con el cual cada uno fue investido. El sello será emanado por los altos rangos celestiales. Se les ungirá con el éter divino, y estos seres de gran valía y estirpe serán convocados a levantar las barreras para llegar a los planos superiores de conciencia. Se capacitarán para activar los dones ancestrales. Por medio de la enseñanza primigenia se les impartirá una nueva. Podrán usar la fuerza motriz espiritual, bastará accionarla con la visión y podrán expresar milagros. Serán consejeros en potencia, releerán las antiguas escrituras y encontrarán respuestas a todas las inquietudes. Serán capaces de sostener una nueva vibración y podrán revertir la salud del planeta, convertir el polvo en oro, crear y ayudarse a sí mismos.

Esto es lo que el Padre ha dicho.

La Tierra vuelve a su origen, engalanada con la Luz y el amor de sus hijos. Recibirán visitas celestiales, viajarán y harán lo que necesiten. Habrá dinero y compensación en la Tierra. Podrán utilizar la magnificencia de su amor, que les gratificará. Habrá abundancia y recibirán todos los bienes que deseen en este plano. Es un tiempo de esplendor, y esto es real.

Es importante que hagan uso de los dones celestiales, narren lo aprendido y reciban capacitación en este sentido. Desde el plano celestial se nos dice que habrá nuevas directrices. Se producen novedades día a día en el planeta. Los seres humanos activan sus dones y la Tierra es liberada. Todo esto traerá consigo una gran estabilidad moral y espiritual. Con los seres dispuestos se harán ejercicios preliminares de ascensión.

Habrá una nueva escalada y la revelación de la Luz se hace presente en la alegría infinita de los seres que trabajan en este sentido. Borrarán las nieblas y los acontecimientos venideros serán magníficentes. Ustedes ayudarán y muchos seres serán reivindicados, gracias a su tarea.

La Luz será portadora del conocimiento y las verdades universales surgirán. De dónde vienen y quiénes son, ya lo saben. Sabrán qué hacer y lograrán la unificación y la integración al Todo. Seguiremos trabajando unificados. Ustedes actuarán a través de la palabra. Harán oraciones y se centrarán en purificar y sanar los pensamientos que no se condicen con el Bien Supremo.

Las enseñanzas de este nuevo tiempo apuntan a la desintegración del Yo. Dejaremos que la mente fluya sin obstaculizar los pensamientos creativos. El cambio que se ha producido en la Tierra tiene gran connotación. Por tanto, nos dedicaremos a preparar nuestra mente y nuestro cuerpo para nuevas enseñanzas. Podemos apreciar desde el espacio sideral una gran luz emanada por el corazón de cada uno de ustedes.

Es necesario hacer hincapié en el uso del fonema y la visión creadora. Sabemos que la fuente regeneradora y magnífica, que es la energía cuántica, establece un lazo de gran potencial entre ustedes y nosotros, sus ángeles. Los vemos trabajar en forma esmerada y eficiente, de acuerdo con el estado de la Luz.

El orden primigenio se le concedió al ser humano como un regalo de la Luz y se le manifestó en cada molécula del cuerpo. El portador universal del conocimiento catapultó la enseñanza, centrándose en la materia. Olvidó su estirpe celestial y fue sometido a diversas pruebas o desafíos a lo largo de su residencia en la Tierra.

Los humanos guardaron y archivaron el conocimiento primigenio en el aspecto físico, olvidando la esencia. Descuidaron sus dones y sus virtudes. Fueron cercenados, llegando a un estado de barbarie tal que no se reconocían unos con otros como parte de un Todo. Así se generó la distorsión molecular.

Muchos seres de gran valía en la Tierra han tenido que hacer grandes esfuerzos para realinearse con la Luz, han abierto los dones de sabiduría interior y hoy diagraman un nuevo estado de conciencia en la Tierra. Han definido las bases de una nueva civilización en ella, la civilización primigenia.

La unificación se realiza con gran esmero y pulcritud, y estamos para ayudarles en esta gran tarea. Es necesario prescindir de la personalidad, haciendo que el Espíritu Divino emerja en cada uno. Nos hemos propuesto que realicen los ejercicios pertinentes, por ejemplo, ejercitar la palabra y el pensamiento santos. Daremos instrucciones a quien lo requiera.

Llegó la fase de apertura a la Luz, a la estabilidad emocional. No más colapsos nerviosos. Están capacitados para resolver aun los desafíos más intensos en la materia. Muchos de ustedes son acosados por los fluidos magnéticos, por la vía de las emociones. Para ello, haremos ejercicios de límite sano y, por supuesto, disolveremos estos nudos kármicos con la palabra justa. Tres fonemas ayudarán a desbloquear áreas estancadas y disolver la niebla producida por los embates de la oscuridad. La lengua primigenia mora en cada ser dispuesto a usarla. El verbo divino aparece en lenguas arcaicas como el arameo, la lengua que Jesús habló en la Tierra. Las palabras sánscritas son tres eslabones que se unifican en un sonido y dice así:

Senta la luce, senta per leí la voce del Padre se manifiesta en mí.

AM RA LURA LURA.

Saludos desde el Espacio Sideral. El fonema marcado en cursivas sirve para invocar la voz del Ser Supremo y el escrito en mayúsculas indica la desintegración de la adversidad. No tiene traducción en español, pero estas tres palabras servirán de antídoto cuando se liberen batallas entre el Bien y el Mal. Estos fonemas se usaron en el origen de la Tierra y tienen gran resonancia.

Su verbo es claro y transparente, y desintegra las nieblas. Deberán hacer uso de sus dones ancestrales.

Las palabras o sonidos primigenios contribuirán a despertar la divinidad de cada uno, el ser crístico que se manifiesta en ustedes gracias al accionar de la Luz.

Información e intención

¿Cómo usar la palabra para generar sanación y así obrar milagros?

Hay una gran red de Luz alrededor del planeta, la cual se manifiesta en forma múltiple y se acciona con la visión etérea y el sentimiento de amor hacia la propia Tierra. Se trata de los fluidos magnéticos de los seres de Luz que se unifican por el despertar de la conciencia a la Luz. Esto se hace posible hoy, en esta tercera dimensión. Se está logrando unificar estas redes, lo que conllevará a un nuevo despertar en los seres de Luz que lo habitan.

Las figuras geométricas que se observan a través de las radiaciones fotónicas traerán información que pueden recibir en estos momentos. Ahora les enseñaremos el uso de sus dones con la información que mora en el cuerpo de Luz de cada uno. Los ayudaremos a descifrar los códigos para sustentar un nuevo paradigma en la Tierra.

Los tiempos finales se acercan y es esencial el uso de la creatividad para que logren el gran cambio, sin dolor; la unificación e integración al Todo.

Esto requiere el uso de los mantras, las oraciones con la cadencia justa. Orar significa hablar con el corazón. Las oraciones comunitarias se harán en forma conjunta, apuntando a la sanación del Planeta y a la redención de la humanidad. Haremos inserción fotónica de gran alcance en los grupos de oración.

Es necesario que aborden temas de relevancia. Se apuntará a un nuevo orden planetario. Habrá nueva información. Los misterios de las vidas del pasado volverán a ustedes para transmitir el conocimiento ancestral. El objetivo de ver el pasado se centra en mejorar la vida de hoy mediante el discernimiento. Así ustedes podrán revertir situaciones de riesgo en el plano terrenal.

El conocimiento de la psiquis en el ser humano es esencial. Los fluidos magnéticos de los seres de Luz se unifican en el mismo poder creativo, usando la energía taquiónica. El resultado será poder abordar este nuevo conocimiento, mejorando el pensamiento como propulsor de energía. Todos ustedes, mediadores divinos en la Tierra, trabajan en el sentido centrípeto, y esto es una muestra del gran poder centrado en ustedes mismos en el centro cardiaco.

Tendrán una nueva tarea por cumplir: erradicar el horror a través de la visión etérea. Es fundamental ver la Tierra sana. Únjanse con sándalo dulce y oren viendo la Tierra sana.

Nosotros, Ángeles de la Guarda, seres guías y maestros ascendidos, elaboramos este plan de salvamento de la humanidad junto con ustedes, nuestros hijos, con la venia del Padre Celestial. Estamos aquí para agradecerles e invitarlos a un nuevo trayecto de vida en la Tierra. Les participamos la alegría de esta gran unificación universal generada por su amor incondicional, el amor divino manifestado en ustedes a través de sus vehículos terrenos y su cuerpo físico; por la sincronización de sus cuerpos físico, mental, emocional y espiritual; por la gran disposición de estos seres maestros que han escuchado el llamado de sus ángeles.

Los invitamos a seguir trabajando unidos en convergencia armónica. Les agradecemos esta tarea de unificación e integración al Todo. Somos uno en ustedes, ustedes son uno con nosotros y somos uno con el Padre. Los amamos infinitamente y los bendecimos con amor y Luz. Amén.

Ejercicios lumínicos

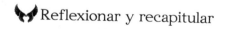 Reflexionar y recapitular

Reflexiona sobre lo que este manual te ha enseñado y los beneficios que esto significa para tu vida.

Insiste en la sincronización de tus distintos cuerpos y aprovecha todas las oportunidades de desarrollo que te ofrecen los ejercicios, las reflexiones y las oraciones incluidos en el siguiente capítulo.

capítulo 12

Ejercicios lumínicos, reflexiones y oraciones

Ejercicios de transmutación

🕊️ Centrar la Luz

Visualiza que el color dorado te rodea. Imagina una luz delicada y sensible de color ámbar dentro de las células corpóreas, en nivel subatómico.

Realiza ejercicios de estiramiento.

🕊️ Uso diario de Agua Diamantina

El Agua Diamantina es un regalo celestial. Úsala de la siguiente manera: al levantarte toma tu sorbo de agua bendita con tus manos. Del Agua Diamantina di lo siguiente:

> Padre, esta agua debe servir para mi evolución. Deseo trascender este plano. Soy Luz y amor. Amén.

Cuando ingieras el primer sorbo, visualiza una luz dorada-platinada alrededor de ti. Luego, cuando bebas el segundo sorbo, repite la oración.

Cierra los ojos y observa que todo tu cuerpo se llena de Luz rosa pálido y te transforma en algo muy benéfico.

🕊️ Agua Diamantina y sándalo

Bendice tu cuerpo con agua diamantina. Incluye lo siguiente en tus oraciones:

> Deseo ser asistida y guiada divinamente por mis ángeles, guías y maestros. Amén.

Eso bastará para que interactuemos por medio de ti. Haz la señal de la Cruz sobre tu abdomen y unge esa zona con sándalo dulce. Di lo siguiente:

> Deseo liberar el dolor y toda la adversidad que siento en mi interior. Deseo anclar la Luz en mi vientre para erradicar el dolor ancestral que me agobia. Soy un ser capacitado para trascender. Es mi intención disolver todo dolor. Es mi tarea ascender planos superiores de conciencia. Soy Luz y amor. Amén.

Alimentación macrobiótica

Ora al amanecer. Toma dos sorbos de agua bendita o Diamantina. Aliméntate en forma sana, con productos basados en la fuerza magnética de la Diosa Madre, como verduras y alimentos naturales. Bebe agua todos los días, con esencias de alguna hierba aromática, ya sea de color dorado o ámbar. Usa estos dos colores en forma permanente. Los seres capacitados transitarán el planeta con luz benigna.

Imen. Lui. Lui. Ra. Ra.

América es Luz.

Unificación a través del Portal Dimensional

En cuanto al Portal Dimensional, ora y pide por la concreción del Plan Divino en la Tierra y por todas las inquietudes.

Resolver pautas kármicas

Decídete a resolver tus pautas kármicas. Te encuentras en un proceso evolutivo intenso. Tranquiliza tu espíritu y ten presente que te estamos asistiendo. Obsérvate con mucha Luz y energía vital.

Prevenir la disfunción del sistema respiratorio

Procura ingerir alimentos sanos no condimentados. De preferencia, sólo hervidos. De bajas calorías: un trozo de carne magra a la plancha como reconstituyente proteico; lechuga; frutas de estación;

jugo de naranja; germen de trigo; polen; papas; camote; calabaza, y zanahoria. No acelga. Será contraproducente la ingesta de líquidos grasos. Es recomendable un sorbo de vino tinto con el almuerzo. Por la tarde, toma una aspirina con té ámbar.

Tu vida vale oro

Tú eres un ser muy luminoso y debes sanarte. Tu vida en la Tierra vale oro. Úngete con sándalo dulce y ora al amanecer, pidiendo la redención y la sanación de la Tierra. Serás liberado del dolor.

Para bendecir tu lugar

Bendice tu lugar y haz el siguiente ejercicio: reúne el Sol y la Luna. Inhala la energía vital de ambos y centra esa Luz en tu corazón. Te iluminaremos.

El Arcángel Jofiel y la alegría

Jofiel, el Ángel de la risa, de la alegría, te bendice. El amor del Padre descenderá y recibirás la energía lumínica potencializada para ser feliz. Yérguete y espera. Pronuncia esta que es tu consigna:

> Soy Luz y Amor. Mi tarea es bendecir la Tierra con mi Luz. He venido a trabajar para el Plan Divino. Soy emisario de Luz y amor. Amén.

Sanación de pautas kármicas

Céntrate en la sanación de las pautas kármicas y eleva el espíritu con pensamiento codificado hacia la Luz.

Activación de chakras

Unge cada chakra con el éter divino, centra tu Luz y activa tus sentidos. Al ungir cada uno, pronuncia lo siguiente:

☀Chakra coronilla: "Luz en acción"

✳ Ojo psíquico: "Mente Suprema, activa mi fuerza espiritual, agiliza mis sentidos".

✳ Chakra del Verbo: "Soy la fuente que emana fluidos magnéticos cristalizados a través del Verbo Divino. Soy Luz y amor".

✳ Chakra cardiaco: "Padre, aquí estoy, fiel a tus designios. Provee mi cuerpo de la Luz mística y sagrada de Tu presencia en mí. Deseo desarrollar mis dones ancestrales. Úngeme con amor y bondad. Bendice mi chakra cardiaco. Ilumíname con tu sagrada presencia".

✳ Plexo solar: "Voluntad divina, deseo ser guiado divinamente. Amén".

✳ Chakra de la creatividad, de la sexualidad y, en la mujer, de la raíz: "Padre, deseo sanar mis pautas kármicas sin dolor. Amén".

✳ Chakra de la raíz en el hombre y chakra pelviano: "Soy Luz y unifico al Todo. Amén".

Reglas de comportamiento afines a la Luz

Observa las reglas de comportamiento afines a la Luz:

✳ No mientas.

✳ Usa el Verbo correcto.

✳ Usa el discernimiento y la razón superior, prevaleciendo la verdad suprema y absoluta, como es el amor incondicional.

✳ Corrígete en tus errores.

✳ Fluye con amor, centra tu Luz. En el plexo solar verás Luz blanca iridiscente con destellos platinados.

Ofrendas de gratitud para recibir los dones del Espíritu

Las Huestes Angélicas, comandadas por Jesús, imploran a sus hijos amados la ofrenda de gratitud al recibir los dones del Espíritu, que son la máxima expresión de amor divino en cada uno de ustedes.

Haz la señal de la Cruz y úngete con sándalo dulce. La consigna es: ora, ora, ora.

Obtener sabiduría, videncia y claridad

Haz una reseña de lo aprendido y obtendrás los siguientes dones: sabiduría, videncia y claridad en la recepción escrita y auditiva. Te preocupas por ver y sentir con amor y Luz. Tus facultades laten dentro de ti. Para recibir enseñanza de alto nivel, abre tu centro cardiaco y úngete con sándalo. Tus pensamientos son elevados y puros; hoy has colaborado con tu Verbo a la creación de la Luz en el planeta.

Ora en forma prudente.

América del Sur, foco lumínico

Piensa en esto: las enseñanzas de los antiguos maestros serán reveladas. Trabaja con el conocimiento interior por medio de los cristales y del oro que está guardado dentro de cada uno. La gran estrella de la sabiduría interior se encuentra en el espacio apuntando a esta zona. Las enseñanzas de los antiguos atlantes y lemurianos convergen en un solo punto: América del Sur. Los aborígenes, los amerindios y la raza sumeria son uno solo.

Recuerda: tú eres fiel testigo del nuevo amanecer.

Bendice

Te rodean círculos de Luz y tú la generas. Verás tus sueños realizados. Asegúrate de lanzar bendiciones dondequiera que vayas. La Luz se enciende desde el corazón.

Despejar áreas estancadas

La bruma se deriva de la tristeza. Rocía las alacenas y los armarios con el Agua Diamantina; hay seres atrapados allí y por ello están invadidos por larvas parasitarias. Es muy simple. Ellos están siempre, pero tú no debes permitir su arribo. Ayudado con incienso, mirra y almizcle, haz oraciones al amanecer. Bendícelos todos los días, es muy necesario.

Para revelar el propio proceso evolutivo

Pronuncia las siguientes palabras:

La Luz y el amor se muestran en mi sagrada presencia. Deseo manifestarme como ser de Luz. Siento la necesidad de crear amor y virtud. Es mi deseo resolver mis pautas kármicas. Mi proceso evolutivo debe ser revelado: a dónde voy y cómo. Es necesario hablar de forma concreta.

Después, bebe un sorbo de Agua Diamantina.

Ayuda celestial

Convoca a tus ángeles para celebrar una junta celestial orientada a asistir a los seres afectados por la contaminación ambiental. Podrán sentir los siguientes síntomas.

Síntomas de purificación

☀ Dolores abdominales

☀ Eliminación de heces pestilentes

☀ Acumulación tóxica en el riñón izquierdo

Estos síntomas indican una depuración genética de alto nivel. Usa la Luz dorada y rosa pálido para sanar.

Síntomas de posesiones oscuras

☀ Insomnio

☀ Debilidad

☀ Vista nublada

☀ Dificultad de expresión

Erradica estos síntomas con la unción de sándalo dulce.

🪶 Medidas preventivas en caso de sufrir pérdidas materiales

Observa pautas de comportamiento afines al devenir de la Luz en la Tierra. Ayúdate usando el Verbo, la intención clara y la disposición en el uso del cuerpo de Luz, para emerger como creador. Las pautas a seguir son:

☀️Ora al amanecer.

☀️Invoca la presencia del maestro ascendido Jesucristo.

☀️Recibe y solicita ver los caminos hacia la Luz.

🪶 Uso de elementos religiosos

Recuerda, es indispensable usar elementos religiosos en el cuerpo. Pórtalos y serán bendecidos por Dios Padre, uno por uno.

🪶 Ascensión

Cada ser que se proponga ascender será ascendido. Tómalo en cuenta y trabaja para ello.

🪶 Revelación de nuestra historia ancestral

Se establece el pacto de unión y confraternidad en la Tierra. Tú eres uno de los vehículos de amor y Luz, uno de los gestores de este nuevo amanecer. Ora y bendice cada rincón del planeta. Se te gratificará con vida nueva. Sólo observa esa nueva vida. Déjate conducir por los túneles del tiempo y podrás averiguar el devenir de la historia ancestral de cada uno.

🪶 El perdón

El perdón se refiere a la comprensión divina del estado de conciencia. Para salir de las trampas del egocentrismo, pide perdón por los yerros cometidos, como los demás seres humanos lo hacen.

Tras sanar tu ego, sólo deberás ser fuerte pues la batalla entre el bien y el mal continúa. Sabes que los ataques son fuertes. Sólo pide calma y obra según lo establecido: el orden divino. Consérvate noble y puro de corazón.

Afirmaciones

Repite lo siguiente:

La simiente de Luz germina en el corazón de la humanidad. Somos Luz y amor y amamos la vida plena. Somos Luz y amor. Amén.

La gran Luz Divina desciende al corazón de la humanidad. Es Dios omnipresente. Luz. Luz en la Tierra. Amén.

Para pedir ayuda

Tus ángeles queremos ayudarte. Sólo tú debes saber el camino, lo lograrás. Transmuta tus errores, pero sin sufrir. Sabemos que eres puro de corazón y que deseas trascender. Te daremos señales en el cielo. Síguelas con confianza.

El tema principal es aclarar qué deseas en la Tierra. Pregúntate:

☀ ¿Qué deseo en la Tierra?

☀ ¿Deseo abrirme a un nuevo conocimiento?

☀ ¿Deseo aprender las reglas de convivencia del Universo?

Apresúrate

Fluyes en otra dimensión con claridad y discernimiento. Lograrás un estado de conciencia pleno, desde el cual irradiarás sólo paz y amor.

Escúchanos. Apresúrate.

El tiempo en la Tierra se acaba. Ora.

Aclara tu mente

Aclara tu mente. Usa tus dones. Ve más allá de lo tangible. Sólo así descubrirás tu verdadero poder. Utiliza el don de ver resueltos tus problemas en la Tierra.

Los errores serán sanados

Vendrá una ola de fuego que consumirá todo lo creado para llenarlo de Luz y amor. Serán saldadas todas las causas pendientes. Los errores serán sanados. Ora. Ora. Es todo lo que te decimos.

Tu vida es una nueva vida

No gires al revés. Sigue creando, serás gratificado. Hay una sola forma de sanar: entregarse en cuerpo y alma al servicio de la Luz. Pero, cuidado, los goces supremos sólo se sienten cuando nos dejamos llevar y guiar por nuestro ser interior. ¿Deseas cambiar?

Corrige tus errores. Céntrate y fluye con misericordia. Doblega tu ego. Eres puro y cristalino. Asegúrate de brillar con amor. Bríndate al compás de un nuevo lugar y tiempo, será muy hermoso.

El nuevo amanecer cósmico ya se presentó. Tu vida es una nueva vida. Hojea tu Libro de la Vida y observa que has cambiado, no cabe duda. Aún quedan residuos kármicos. Deseamos ayudarte. Lo haremos a tu ritmo, dándote Luz y comprensión. Sólo cuando te encaminas por el camino correcto, la Luz se siente. Sólo debes trascender y lo harás. Es tu desafío.

Prudencia

Sé prudente. No hagas ostentación delante de nadie. Tus conocimientos revelan la magia de un tiempo nuevo en tu interior. Trabaja dando de ti. Esmérate. Es la forma de lograr el equilibrio.

Florece

Trabaja con fe y fervor. No sentirás cansancio, portas nueva energía. Presta atención a las voces celestiales. Llénate de Luz y armonía. Ve y prepara un lugar bendito en la Tierra. Es tu lugar. Hónrate. Honra a tus antepasados. Fluye con alegría. Siente una nueva Luz en tu vida. Florece. Hay esperanzas. Siéntenos.

Pureza

Hay un lirio dentro de ti. Se ha gestado gracias a tu pureza. Escucha la voz de tu corazón.

Sanación

Siente el aroma del sándalo y déjate sanar. Consume verduras verdes, naranjas y arroz integral. Haz lo siguiente: mira dentro de ti una fuente viva de Luz que nace desde el chakra raíz, riega todo tu cuerpo y te une con el todo.

Aspira los aromas y visualízate en un bosque húmedo, con tonalidades sutiles. Allí recibirás el perdón de los yerros cometidos. Purifícate. Hay Luz en lontananza. Las nieblas se disipan. Yérguete en la Tierra y reposa. Serás asistido por seres elementales y también por jerarquías divinas. Te ayudaremos a sanar. Siéntenos.

Palabras de Jesús

Transmite este mensaje de Jesús a sus hijos:

Yo, el Cristo, les digo:

El amor infinito de mi Padre ha descendido a la Tierra.

Y yo, Jesús, el Maestro de Gran Relevancia en la Tierra, les digo:

Las promesas de mi Padre se cumplen a través de Mí. El Amor y la Virtud reinarán por siempre en la Tierra. Hoy es el Gran Día. Hay Luz, Luz, Luz. Los amo y los bendigo. Escuchen la voz de su corazón y observen su interior. ¿Qué ven? ¿La imagen crística de mi ser mora en cada uno? Los amo. Con Luz y amor les dejo mi paz y mi gran amor.

Hagan la señal de la Cruz y oren así:

Soy el Cristo vivo en la Tierra. Jesús es mi Maestro y Él me bendice. Padre. Soy Luz y amor, úneme a ti.

Gracias, Padre. Amén.

Se irradiarán de Luz y morarán con ella en forma permanente. Mis hijos serán salvaguardados. Estoy aquí para asistirlos en su camino evolutivo. Sientan mi presencia. Soy Uno con Dios Padre. Amén.

Yo, el Cristo. Amén. Jesús, bienaventurado.

🪶 Palabras de Jesús

Llena tu espíritu con las siguientes palabras de Jesús:

Hoy es un día especial. Y mi fuente dadora y creadora será anclada en tu corazón. Recibe el amor de mi Padre y el mío propio. Estoy aquí para ayudarte. Trabajaremos juntos. Sólo repite constantemente la oración que te enseñé: el Padre Nuestro.

Bendice tu casa con sándalo y ve a hacer tus tareas.

El hombre justo recibe la recompensa del Padre.

Ora: "Soy la Luz y el amor. Aquí estoy para observar las leyes físicas y espirituales. Mi espíritu se regocija. Yo Soy Luz. Amén".

Úngete con sándalo dulce.

🪶 Sanación con el Verbo

Pronuncia lo siguiente:

Deseo ser sanado a través del Verbo Divino. Con amor y rectitud. Amén.

🪶 Sándalo

Nuestra historia en la Tierra es muy antigua. En tiempos muy remotos esta giraba siguiendo el orden divino. Hoy está regresando al origen y vemos que vuelve a hacer el giro evolutivo con gran luminosidad. Las esferas siderales observan el paso de la Tierra por fuentes lumínicas de alto poder. La unción con sándalo dulce trae consigo la sanación del entorno a través del aroma. Insistimos en su uso continuo y absolutamente indispensable en este sentido.

Úngete sándalo dulce en el cuerpo e ingiere cada día tres vasos de Agua Diamantina, verbalizando lo siguiente:

Soy Luz. Deseo anclar la divina presencia de Jesús en mí. Amén.

Esta oración servirá para anclar una nueva frecuencia.

La Junta Celestial

Una Junta Celestial ha venido a la Tierra con la tarea de abrir nuevos canales de Luz. Procura utilizar cosméticos de origen natural. El peso y gran poder se adentran en los límites vibratorios de la Tierra. La afluencia de energías que no armonizan con la Luz opera a través de ellos. Las consignas son: asiste a los templos. Obra con prudencia. Sé humilde en el conocimiento. Adquiere maestría en el Verbo, potencializando la Luz y la creatividad.

Leyes de supervivencia

Toma en cuenta las siguientes leyes:

1. "En caso de acometidas fuertes de los hermanos oscuros, centra la Luz en la coronilla y conéctate con la Luz divina. Usa el fonema, la visión etérea, y orienta las solicitudes con claridad. Ora y serás testigo de hechos milagrosos. Tú puedes transformar tu vida con sólo pedirlo. La tarea es ardua."

2. "Sintoniza la frecuencia de la Luz en tu corazón."

3. "No te lastimes."

4. "Haz la señal de la Cruz tres veces y llenarás tu corazón de color plata. Haremos intercambio de frecuencias. Hay Luz alrededor de ti. Siéntenos, estamos aquí. Ora y pide con fervor: 'Soy Luz y amor. He venido a sanar antiguas heridas. Padre, asísteme. Amén'. Todo estará bien."

5. "Ora al amanecer y dirígete a los gobernantes de la Tierra en el Cosmos para pedir ayuda. Di lo siguiente: 'Soy
un Emisario de la Luz en la Tierra. Pido ser asistido. Mi
tarea es ayudar en la concreción del Plan Divino. Deseo
me apoyen en las canalizaciones para poder ayudar a los
seres que sufren. Soy Luz y Amor. Estoy aquí para cumplir mi misión crística. Amén. Te doy las gracias, Padre
Celestial'."

6. "Honra la Tierra. Unifícate en la solicitud de sanación
orando con el Verbo divino. Ve la imagen de la Tierra en
un rosa pálido, enviando mensajes de Luz y amor."

7. "Haz oraciones comunitarias. Canaliza en forma directa.
Reúnete con otros seres a orar, a pedir con el corazón por
las necesidades personales de cada uno. Luego, levanta
los brazos al cielo en señal de recogimiento del saber universal. Emite sonidos relajadamente. Afloja tu cuerpo y
muévelo como este te sugiera. Así te abrirás a una nueva
frecuencia de Luz."

8. "Pronuncie cada uno sus deseos en voz alta. Los demás
concurrentes girarán en el sentido de la Luz para anclar
esa frecuencia en la Tierra. Hagan esto en cada grupo. Recibirán instrucciones personales."

9. "Vuelvan a la Luz o decodifiquen a través de la alimentación, ejercicios y la entonación."

🕊 El Agua Sagrada

Al ser enviada el Agua Sagrada a la Tierra, abastécete de ella y
derrámala en las alcantarillas de la ciudad.

Tomando en cuenta que eres portador de luz potencializada, sigue
estos pasos:

1. Usa el discernimiento.

2. Riega toda la ciudad con esta agua benéfica.

3. Deja recipientes o utensilios en lugares verdes para activar la acción de la Madre de purificación del entorno.

4. Honra tu compromiso de antemano con este proyecto de salvamento de la humanidad.

5. Recorre kilómetros llevando el Agua Sagrada; usa el mantra que es el Verbo y la visualización.

Energía cuántica a través de tus manos

Aprende a movilizar la energía cuántica a través de tus manos, proyectándola hacia el espacio sideral. Te será devuelta con creces.

El dolor toca a su fin

Piensa que el dolor en el mundo se manifiesta por el hedor de los pensamientos errados de quienes no han tenido contacto con la Luz, porque niegan su esencia. Dedica unos momentos de atención para reflexionar qué se hace al respecto. Pide, ve y transfiere. Ora al amanecer. Reúnete con otros seres a orar.

Pautas a seguir para la sanación y protección

De nuevo, hay varias pautas indispensables:

☀ Siempre pide perdón por los errores cometidos.

☀ Úngete con sándalo dulce.

☀ Ora al amanecer.

☀ Usa el Agua Diamantina en todos los rincones. Cada casa y cada negocio deben estar protegidos con la Luz divina, de acuerdo con las leyes de concordancia. El lugar habitado por la Luz será respetado por los hermanos oscuros que prodigan ataques bestiales; no podrán acercarse.

☀ Pon un crucifijo en las puertas de tu casa y tu negocio. Si no lo haces, habrá pestilencias. El acuerdo data de la Antigüedad. La cruz, como símbolo universal, se ha empleado en todas las eras de la Tierra. Los amerindios usaron la cruz de madera ungida con los mantras sagrados que corresponden a las cuatro direcciones.

☀ Usa el verbo o fonema correcto.

Las necesidades ambientales

Piensa en la enorme necesidad de equilibrar el planeta con la oración, sosteniendo la frecuencia lumínica en cada uno de los seres de Luz que trabajan como servidores y portadores de energía cuántica. Verás cómo la Tierra, que los ama, los bendice y les prodiga abrigo y todo lo necesario para su gestión. Incluye la siguiente oración en tus tareas:

> Aquí estoy, Padre amado. Soy tu hijo y me encuentro en este lugar, según lo pactado. Bendíceme y procede a través de mí. Amén.

Sanación con el mantra sagrado que indica los fonemas del Antiguo Egipto

Repite cinco veces:

> A Talay.

Y dos veces:

> Lura per Lei, Sancta Luce Ton Ma Ton Taka Sei Longa Per la Voce interior de la sancta Maese Dei la luce y el amore. Ameni.

Este código atlante se utilizaba para sanar antiguas heridas del pasado.

Invocación al Espíritu Santo

Llénate de Luz e invoca al Espíritu Santo, que reside en todas las cosas, pronunciando la siguiente invocación:

Espíritu de Luz y amor, deseo que me bendigas. Úsame como tu canal ahora. Deseo crecer en la Luz y en el amor. Amén.

Invocación a la Madre Tierra

Expresa la siguiente invocación a la Madre Tierra para ayudar a desbloquear áreas estancadas:

Soy un ser de Luz y por mi intermediación, la Tierra y todos sus habitantes recibirán el amor universal de Dios Padre. Amén.

Compendio de herramientas

Usa la Luz Violeta en el lugar donde se requiera. Obra con prudencia, usando la verbalización correcta e infundiendo la Luz en cada palabra.

Para producir desbloqueos mediante las mareas internas, usa el color azul turquesa. Para sanar las emociones, el ámbar. Las áreas del cerebro se desbloquearán a medida que el ser en cuestión genere actitudes positivas y desee el cambio. No podremos operar en quienes por libre albedrío decidan autodestruirse.

Visualización: crear

Gira y gira. Elévate y viaja por el Hemisferio Sur. Deposita allí un regalo, un cristal de cuarzo facetado de color amarillo pálido con imágenes de tus deseos en la Tierra. Ponlo en el seno de la Madre Tierra y dile lo siguiente:

Madre, mira el regalo que te doy. Yo soy uno con tu Espíritu. Bendice este cristal de mi conocimiento. Ayúdame a concretar mis deseos en la Tierra. Deseo prosperar y ser muy feliz. Deseo tener un lugar seguro y cómodo para vivir. Deseo estar cerca de Ti. Dame Luz y amor. Te amo infinitamente. Amén. Soy tu hijo. Bendíceme.

Esta visualización servirá para acrecentar tu creatividad.

Sostener la energía lumínica

Si deseas sostener la energía lumínica para no caer y debilitarte ante las preocupaciones y todo lo que te perturba en la tercera dimensión, ora dirigiéndote al Padre y dile con el corazón abierto:

Padre, yo soy Luz y estoy aquí en la Tierra. Deseo ser asistido. Deseo trascender la materia. Soy un vínculo de Luz en ella. Bendice mi corazón. Lleva mi cuerpo más allá de esta miseria. Deseo salvaguardar a mi familia y a mis seres queridos. Asísteme con tu Luz y amor. Amén.

Protección de nuestros seres queridos por medio del Verbo

Para sanar tu entorno, visualiza a tus seres queridos envueltos en Luz, pero, a la vez, imprime el sonido en cada uno de ellos. Pronuncia lo siguiente:

Paz y amor. Hágase la voluntad divina en ti.

De esa forma ayudarás a crear Luz en él.

La risa

No te olvides de reír. La risa es un regalo celestial. Un don de Dios Creador. Un mecanismo de autoayuda y protección. Una descarga eléctrica de alto contenido, movilizada por medio del Verbo. Sus raíces son de origen celestial.

No te alarmes

No te alarmes por posibles desmanes acontecidos. Haz esta solicitud y se te dará ayuda inmediata:

Estoy aquí trabajando en la concreción del Plan Divino, asísteme. Soy un Ser de Luz. Amén.

Comidas livianas

Asegúrate de que tus comidas sean livianas. Incrementa la Luz en ellas, aportándola con tus manos. Unge tu cuerpo y levántate a las seis de la mañana para acomodar tus órganos vitales al respirar, orar, sanar y girar.

No te preocupes, tú eres Luz y te manifiestas. Ora en forma permanente.

Paz y armonía

Procura establecer un estado de paz y armonía. Nada hay que pueda preocuparte. Sólo los seres que no entienden nuestro mensaje se preocupan. Serás asistido.

Déjate guiar

Las células de tu cuerpo se están regenerando. Serás cada día más ágil. Usa el Verbo correcto y crea paz, abundancia. Confía en tus ángeles y en ti mismo. Tú eres un instrumento divino. La fuerza cósmica te ilumina.

Déjate guiar y no temas. Los desafíos son grandes, pero tú los resuelves. No olvides que la Voluntad divina mora en ti.

Reflexiones

Enderezar el rumbo

La historia de la humanidad ha centrado su accionar en las actividades equivocadas, trabajando con la frecuencia de bajo astral. Pregúntate:

¿Cómo puede revertir este movimiento con la Luz y el amor?
¿Cómo crear todo lo que se requiere para vivir mejor en la Tierra?

Hacer las paces

La densidad es obstrucción y el Amor es creación. Es hora de hacer las paces con tu ser interior.

Orar

Es indispensable orar desde el alma. Así te colmará de bendiciones.

Mensaje de Jesús

Reflexiona sobre las palabras de Jesús en los momentos de la Gran Tribulación:

El amor del Padre sobrevendrá. No se aflijan. La fuerza del Espíritu Santo vive en cada uno. Obsérvense a sí mismos con Luz intensa, desintegrando toda la bruma y densidad que se produzca alrededor de ustedes. No habrá goce sin dolor. Pero el dolor será transformado en perlas vivas de las lágrimas purificantes de la Luz suprema. Los bendigo con mi Luz y amor. Y he venido a hablarles para manifestar lo siguiente: Son mis hijos amados. Responden a mi Voz. Caminan por mi senda aún llena de abrojos, pero siguen adelante. Sonríen porque sienten mi amor. Yo les doy mi amor y sabiduría. Deseo que se esfuercen cada día más y logren transmitir mi amor. Hablen con Mi Verbo. Serán ampliamente gratificados con el bienestar supremo de la conciencia crística que vive en cada uno. Yo soy el que soy. Soy su Maestro y estoy aquí para decirles que son mis hijos amados. Los bendigo. Sus oraciones son escuchadas. Obran con cordura. Sus alimentos se transforman en mi propia Sangre. Mi Espíritu mora en ustedes.

Yo, el Cristo, estoy presente en cada ser que transita la Tierra con amor y Luz. Los bendigo.

El trabajo dignificado y gratificado

Reflexiona sobre lo siguiente:

A cada ser dispuesto se le dará gratificación en la materia. Vivirá libre del horror y la miseria reinantes. Reuniremos a las Huestes de la Luz y atravesaremos campos, ciudades y fincas para que cada persona sea dignificada en su tarea laboral.

Liberación

Reflexiona sobre este mensaje:

Libérense y pidan con el corazón erradicar la miseria humana.

El Cielo derramará bendiciones a granel. Son depositarios del amor del Padre. Unifíquense en Jesús, el Cristo, que vuelve por medio de ustedes.

¿Qué es sanar?

Piensa en qué significa el término sanar. Es una indicación de que el cuerpo se regenera por medio de la energía vital. Los seres de Luz conocen muchas formas de sanar el cuerpo, pero lo fundamental es lograr una frecuencia lumínica que los una en grupo, como heliografía. Así lograrán sanarse a sí mismos y a los demás.

Oraciones

Orar al amanecer

Levántate a orar al amanecer. Cuando despiertas de tu sueño, te enviamos señales. Deberás anclar una nueva energía en tu campo magnético y sabes que esa energía fluye con más libertad al amanecer. Los fluidos magnéticos del alba son los más preciosos en la Tierra.

Oración para sanar los lugares de gran oscurantismo en la Tierra

Pronuncia las siguientes palabras:

Padre, el dolor de la Madre será sanado por medio de mi oración. Bendice los lugares insanos. Soy Luz y amor. Amén.

Oración de ascensión planetaria

Pronuncia las siguientes palabras:

Padre, estoy preparado. Llévame contigo a tu morada. ¿Ves mi lugar? Pronto seré ascendido. Deseo que mis seres queridos y yo seamos trasladados con nuestros hogares y pertenencias a este nuevo lugar, en donde sólo brillará la Luz. Amén.

Diles a los hijos de la Luz que el Padre les envía el amor divino y pide que oren así:

Padre, el evento cósmico recién pasado trajo Luz a la Tierra. Permite que por medio de mi cuerpo terreno yo pueda emerger de la niebla para recibir el Reino de los Cielos en la Tierra. Bendice mi corazón y permite que todos los seres de Luz despierten en este nuevo amanecer. Gracias, Padre. Amén.

Orar para sanar tu cuerpo

La luna brilla en el espacio. Hay resonancia magnética. Invoca a tus ángeles y aquí se presentarán para brindarte ayuda. Eres Luz y Amor. Bendice tu cuerpo y ora así:

Soy un ser sano y benéfico. Soy la Luz del Padre. Amén.

Esto generará una gran sanación en tu cuerpo.

Orar para abrir la conciencia con el Verbo Divino

Haciendo hincapié en la modulación, haz vocalizaciones con los siguientes mantras al amanecer, antes del momento de coyuntura cósmica; es decir, cuando el sol aún no haya despuntado. El sentido horario indica Luz y crecimiento, pero el sonido despierta al alma.

El gran rayo cósmico será enviado a la Tierra en ese preciso instante. Levántate orando un Padre Nuestro, levanta los brazos al cielo y di:

Oro Ma Pad Me Hum.

Luego repite:

Senta per La Vie Sancta del Universo, senta.

La Luz infinita del Dios del Amor.

Pronto los seres de Luz abrirán los brazos para recibirte. Ora. Ora. Ora. Amén.

Bendición y sanación para erradicar a los oscuros (especial para adolescentes)

Persígnate antes de dormir. Lee el salmo 91 todas las noches y úngelo con sándalo dulce. Haz sanación y di lo siguiente:

Padre, Soy Luz benéfica, soy discípulo de Jesús y en Su nombre bendigo este lugar. Amén.

Ora y bendice tu cuerpo todos los días. Hazlo a diario. Usa la Luz violeta en tu cuarto. No temas, tus solicitudes se harán realidad. Soy el Arcángel Gabriel y te bendigo.

Enciende una velita cada día y di:

Yo soy la Luz y el amor. Amén.

Ora y crea continuamente

Nosotros, tus Ángeles de la Guarda, te protegemos y esperamos pronto la venida del Espíritu Santo. Centra tu Luz en ti. No dejes de orar y crear.

Pronuncia las palabras del Espíritu Santo:

Tú eres el Yo Soy y Yo Soy en ti la Unidad. Soy el Espíritu Santo. Te bendigo y te unjo con mis dones celestiales. Ora y sé prudente con tu Verbo. Ora y verás tus solicitudes con estrellas doradas y luces de colores alrededor de ti. Sembrarás y cosecharás la mies del Espíritu que mora en ti. El Cristo emerge desde el centro mismo del Universo y se une a ti en tu corazón.

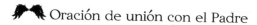 Oración de unión con el Padre

Pronuncia las siguientes palabras:

Soy tu Padre, Amo y Señor de los cielos. Que las potestades y principados se deleiten en tu presencia. Soy Uno contigo y te doy mi amor y Luz. Yo soy el que soy. Amén.

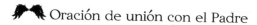 Oración para la solidez material

Pronuncia las siguientes palabras:

Padre, gratifícame en la tridimensión. Dame solidez material para moverme con tranquilidad. Soy un ciervo de la Luz. Amén.

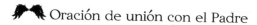 Oración del nuevo amanecer respecto a la Navidad

Pronuncia las siguientes palabras:

Hoy es el advenimiento del nacimiento del Dios en la Tierra. El amado Jesús renace en cada uno de nosotros.

Estamos aquí reunidos para recibirte en nuestros corazones. Amén.

Haz la señal de la Cruz y bendíganse unos a otros con el amor del Padre. Amén.

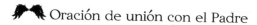 Oración para el Tiempo de Adviento

El tiempo de Adviento transcurre en la Tierra con gran luminosidad. Ora con las manos unidas a la altura del pecho, en señal de recogimiento.

Oraciones comunitarias

Junto con otros seres dispuestos, hagan oraciones comunitarias, centrando la Luz y orando en forma permanente. Ayúdense de una palabra o mantra sagrados; por ejemplo, reúnanse a orar el Ave María y el Padre Nuestro una vez al día antes de acostarse a dormir.

Estas oraciones servirán para reunir a la familia y les permitirán gozar de amor y paz.

Orar para invocar la presencia crística

Invoca la presencia crística en ti. Ora en este sentido, diciendo:

Padre, estoy aquí para fundamentar las bases de una nueva civilización en la Tierra. Deseo que me asistas y me brindes Tu amor minuto a minuto. Deseo Tu presencia crística en mí. Revierte todo mal y bendíceme. Soy uno contigo. Soy un ser de Luz. Deseo crecer y ver más allá. Condúceme a Tu reino. Amén. Por el Cristo. Amén. Soy Luz y amor.

Ley de Concordancia. Sincronización FEME

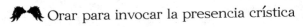

Haz un movimiento giratorio 32 veces en el sentido de las agujas del reloj y di lo siguiente:

Padre, anclo una nueva vibración en mí. Soy un cristal enorme y abro el conocimiento. Soy Uno con Dios, Él me une con la Tierra virgen. Amo al Padre, a la Madre y al Hijo que vino a la Tierra a sanar. Soy el Cristo unificado. Me lleno de Luz y amor. Por mi bienestar, el de mi familia y el de todos los seres que habitan el planeta. Me unjo con el éter divino.

Amén.

Esta oración servirá para tu crecimiento personal. Pronúnciala y repite cada palabra en forma consciente.

Si logras hacer el ejercicio tres veces consecutivas, los resultados serán mucho mejores.

Ayuda relacionada con la salud

Medicina alopática

Si decides recurrir a un tratamiento alopático, pide asistencia a las jerarquías divinas, diciendo:

> Padre, hoy acudo a la medicina convencional en la Tierra. Bríndame tu ayuda y tu protección. Estoy en manos de mis guías, ángeles y maestros ascendidos que sanarán mis heridas por intermediación tuya. Amén.

Accidente

En caso de accidente, el verbo correcto será:

> Acude a mí, Padre. Asísteme. Amén. La Luz y el Amor me bendicen. Amén.

Enfermedades llamadas incurables e irreversibles

Las enfermedades denominadas como incurables e irreversibles por la ciencia moderna, podrán ser sanadas de la siguiente manera: invoca la presencia crística y serás asistido por las huestes sanadoras comandadas por el arcángel Gabriel. Ellas tocarán el lugar dañado y pedirán ver las células sanas. Se darán directrices personales.

Suministro cósmico: prosperidad

Deberás vivir con abundancia y ser feliz. La prosperidad indica un estado de suministro cósmico en la Tierra. Esta es próspera, y sus hijos lo serán en la medida en que la honren. Pide asistencia. Deja que el éter divino se manifieste en ti. Te verás rodeado por tonalidades rosa pálido y lila. Eleva una plegaria de reconocimiento, autoprotección y creatividad. Únete en círculos de amor alrededor del planeta. Pronuncia la siguiente oración:

> Madre, soy un enviado celestial, estoy aquí cumpliendo mi tarea y deseo que tú seas liberada del dolor. Acógeme en tu seno, abrígame con tu fuerza vital y permite que yo pueda gestar la abundancia por tu intermediación. Gracias. Amén.

Ahora, expresa, uno por uno, tres deseos. Enuméralos en forma ordenada y sintetizada. Verás cómo tu solicitud se proyecta al espacio sideral para ser devuelta a la Tierra con creces. Haz la señal de equilibrio que ya hemos comentado: la cruz.

Trascender a planos superiores de conciencia

Cuando te levantes al amanecer, haz una ingesta de líquido sagrado, bendiciendo tu cuerpo con la matriz del Alma Mater que reside en ti. Pronuncia la siguiente oración:

Deseo manifestar mis dones de salud, bienestar y prosperidad. La gran Luz divina se centra en mi plexo solar. Soy guiado, y el Verbo Divino es la manifestación de Dios Supremo en mí. Deseo ser asistido para lograr trascender a planos superiores de conciencia con el fin de recibir instrucciones todos los días sobre mi tarea en la Tierra. La ayuda celestial vendrá por medio de mis ángeles. Amén.

Conocimientos akáshicos mediante la oración

Tienes una gran tarea por delante. Los misterios akáshicos y el conocimiento del orden ancestral están a tu disposición. Activa el conocimiento por medio de la oración, la disposición y la apertura de dones. Recibe la enseñanza en forma individual. Tu tarea se agilizará, pero, como primera medida, el comienzo de esta tarea se hizo por medio de tu decodificación y tu postura de servicio para ayudar a la Tierra y al sistema planetario. Recuerda que tú, al igual que los demás seres dispuestos, puedes recibir la enseñanza requerida para trabajar con esta tecnología. Se harán viajes interdimensionales. Podrás viajar hacia el pasado y hacia el futuro; tener las herramientas de apertura de conciencia a la Luz, y manifestarte como lo que eres: un ser íntegro, de gran potencial lumínico, de origen celestial y sagrado, que ha venido a ayudar.

Apéndice

Chakras

Es necesario diagramar los puntos focales de luz que los seres humanos tienen en el cuerpo físico. Son siete y corresponden a temas específicos relacionados con el espectro solar o el arco iris.

🦋 Chakra raíz

Este es un punto de Luz iridiscente ubicado en la parte baja del vientre en la mujer y a la altura de los órganos reproductores en el hombre. Este chakra gira en forma de espiral de izquierda a derecha y corresponde al color de la Madre Tierra, que es el ámbar o dorado transparente. Este chakra abierto y alineado es un punto muy importante en el crecimiento evolutivo de cada ser en su vehículo terreno. Es fundamental que esté activado; de lo contrario, nunca gestarán una vida alegre y feliz en la materia.

Haz ejercicios para anclar la luz en la Tierra y, como primera medida, erradicar toda la toxicidad ambiental. Con este chakra puedes transitar la vida en forma agradable y feliz. De ninguna manera puede obstruirse. Si así fuese, disipa de inmediato el nublamiento generado con la luz dorada y la visualización del hecho de transmutar las moléculas vibratorias a un nivel superior; así se eliminará dicha densidad.

🦋 Chakra de la creatividad

Está anclado a la altura del coxis, tanto en el hombre como en la mujer. Esta rueda de luz gira como un remolino dorado muy intenso, y su color corresponde al verde de las montañas, señalando el crecimiento de la energía vital de la MadreTierra.

Más adelante veremos por qué se gestan esos colores al iluminar los puntos focales de luz del ser humano.

Asegúrate de sanar y dar un tratamiento específico a este chakra todos los días, ya que si no lo activas, no hay creatividad. Diluye el nublamiento adquirido en esa zona con la luz dorada y la flama violeta de la transmutación y haz una breve oración.

Chakra del plexo solar

Este chakra armoniza con la voluntad divina en el ser humano. Es preponderante el tema de la irrigación de la columna por la parte posterior de esta fuente de luz en el cuerpo, que interviene en la concreción del Plan Divino en la Tierra, dando paso a la del Ser. Uno con el Todo. Este centro lumínico es muy importante en el contexto espiritual. Sirve para alimentar las sustancias adheridas a los planos supradimensionales, a través de cada ser, iluminando la diligencia del Dios Supremo en la Tierra.

Este chakra se ilumina a través de las vías respiratorias. Al inhalar, dilata el plexo, para iluminar esa zona en forma permanente con la luz y el amor divino del ser supremo que es el Padre Celestial.

Chakra cardiaco

Es un punto de luz de gran importancia, fuente generadora de amor y luz. Allí se instala la matriz del alma, que suele forjarse en forma de cuarzo color ámbar o una flor de loto blanca que indica pureza.

Este Chakra es fuente generadora de luz, pero en la Tercera Dimensión suele ser afectado por la contaminación ambiental.Asegúrate de despejar esta área y mantener iluminado el chakra del amor, para así llevar una vida sana y feliz.

Chakra de la garganta

Es un punto álgido en el ser humano. Suele ser afectado por radiaciones de orden espiritual de bajo astral para crear y dolor. Lo vemos permanentemente afectado con inflamaciones y dolor.

Contribuye a la sanación de este chakra con el verbo o la palabra hablada: el fonema. Este tiene gran repercusión en el espacio sideral, ya que su sonido es resultado de una conjunción de energías: la taquiónica y el sonido. Si se obstruye, los seres humanos pueden convertirse en verdaderos depredadores, gestando dolor y horror a través de él. Nuestra guía en este sentido es revertir las palabras en sonidos armónicos y bellos, transmitiendo la luz emanada desde el corazón.

El tercer ojo

En el tercer ojo se asientan los dones celestiales. Este chakra conecta al espíritu con el cuerpo material, anclando los dones depositados por el Dios Supremo en la materia.

Irriga este punto focal luminoso por la coronilla con una luz dorada y blanca que permite que se activen los dones celestiales inherentes a los seres de luz. Ellos son los dones del Espíritu Santo.

Chakra coronilla

Es una fuente generadora de luz que se proyecta desde el espacio sideral y se instala justo sobre la glándula pineal. En este chakra se establece la conexión con el Ser Uno mediante un fluido magnético de alto poder vibracional: la luz divina o la omnipresencia de Dios en el hombre.

Ilumina este y los demás puntos de luz con visualización y solicitud. Visualiza un color dorado en los puntos marcados por los nublamientos. Luego, visualiza el color violeta y haz la siguiente oración de transmutación:

Soy un ser de luz ampliamente calificado paro transmutar todo aquello que no sirva al bien supremo. Activo mi cuerpo de luz y mis dones celestiales. Amén.

Vuelve al dorado para seguir sanando.